全民健身服务发展的实现路径研究

李 勇 著

吉林出版集团股份有限公司
全国百佳图书出版单位

图书在版编目（CIP）数据

全民健身服务发展的实现路径研究 / 李勇著. -- 长春：吉林出版集团股份有限公司，2023.1
ISBN 978-7-5731-3018-1

Ⅰ.①全… Ⅱ.①李… Ⅲ.①全民健身－公共服务－研究－中国 Ⅳ.①G812.4

中国国家版本馆CIP数据核字(2023)第040224号

QUANMIN JIANSHEN FUWU FAZHAN DE SHIXIAN LUJING YANJIU
全民健身服务发展的实现路径研究

著　　者	李　勇
责任编辑	田　璐
装帧设计	朱秋丽
出　　版	吉林出版集团股份有限公司
发　　行	吉林出版集团青少年书刊发行有限公司
地　　址	吉林省长春市福祉大路5788号
电　　话	0431-81629808
印　　刷	北京昌联印刷有限公司
版　　次	2023年1月第1版
印　　次	2023年1月第1次印刷
开　　本	787 mm×1092 mm　1/16
印　　张	11
字　　数	223千字
书　　号	ISBN 978-7-5731-3018-1
定　　价	65.00元

版权所有·翻印必究

前　言

21世纪是经济、思想和文化高速发展的一个世纪。人民的生活水平不断提高，工作和生活节奏不断加快，保持强健的体魄和健康的生活方式越来越成为人们追求的目标，大众健身运动已成为人们生活中不可缺少的一部分。但由于我国目前还处在社会主义初级阶段，对于大众健身的理论和实践有待进一步完善。

在全民健身背景下，我国社会体育管理实践不断地迎来新的机遇与挑战。新的环境、新的实践、新的使命，要求每一位社会体育管理者必须具备可持续发展的工作理念与工作能力。为此，需要不断总结我国社会体育管理实践的基本经验，不断地丰富发展具有中国特色的社会体育管理体系。

总体来看，本书内容丰富、结构完整，对社会体育管理的基本理论问题进行了深入的剖析，对社会体育的管理体制问题进行了细致的梳理和分析，对社会体育管理的实践做了全方位的探索，体现了理论与实践的高度统一，对社会体育管理者具有重要的理论启示意义和现实借鉴价值。

本书在撰写过程中，参考和借鉴了大量关于社会体育的书籍及资料，在此向有关专家及学者致以诚挚的谢意。当然，由于时间仓促和能力有限，本书难免存在不足之处，恳请广大读者批评指正。

目 录

第一章 体育健身概论 ··· 1
 第一节 人体运动健康概论 ·· 1
 第二节 影响人体健康的基本因素 ·· 3
 第三节 体育锻炼的健康效应 ·· 6
 第四节 体育健身的基本要求 ·· 9

第二章 体育健身的科学基础 ··· 12
 第一节 体育健身的生理学基础 ·· 12
 第二节 体育健身的心理学基础 ·· 20
 第三节 体育健身的营养学基础 ·· 25

第三章 全民健身与社会体育管理 ··· 32
 第一节 全民健身概述 ·· 32
 第二节 社会体育及其基础知识 ·· 39
 第三节 社会体育管理概述 ·· 43

第四章 社会体育管理的基础原理 ··· 55
 第一节 系统原理 ·· 55
 第二节 人本原理 ·· 58
 第三节 动态原理 ·· 62

第五章 社会体育管理方法 ·· 64
 第一节 社会体育管理方法概述 ·· 64
 第二节 行政方法 ·· 66
 第三节 法律方法 ·· 70
 第四节 经济方法 ·· 73

第六章　社会体育管理体制 ·· 76
第一节　社会体育管理体制概述 ·· 76
第二节　社会体育管理组织系统 ·· 81
第三节　社会体育管理制度 ·· 89

第七章　全民健身背景下的社会体育资源管理 ·· 97
第一节　社会体育人力资源管理 ·· 97
第二节　社会体育财力资源管理 ·· 103
第三节　社会体育物力资源管理 ·· 110
第四节　社会体育信息资源管理 ·· 114

第八章　全民健身背景下社会体育的领域管理 ··· 121
第一节　社区体育管理 ··· 121
第二节　职工体育管理 ··· 129
第三节　农村体育管理 ··· 136
第四节　商业型健身俱乐部管理 ·· 145

第九章　全民健身背景下的体育产业管理 ·· 158
第一节　体育产业管理概述 ·· 158
第二节　体育产业管理的基本内容与方式 ·· 163

参考文献 ·· 170

第一章

体育健身概论

第一节 人体运动健康概论

一、健康的概念

世界卫生组织在其章程中对健康做了准确的定义:"健康不仅指没有疾病,而且指身体、思想和社会完全适应的状态。"这一概念将人的健康、人的思想和社会三者结合起来,身体、心理和社会适应条件的兼容性充分反映了健康的生物学和社会特征,并揭示了健康概念的本质。它是现代社会持续追求的目标,并已成为现代世界中的每一个国家的第一宝藏。但是,什么是健康?很多人习惯于认为"不生病"意味着健康。大家都知道,这并不是一个完整的理解。这种理解只揭示了"健康"的生物特征,而没有提到"健康"的社会特征。从本质上讲,"健康"既有生理意义,也有社会意义。健康是人类生存和发展的一个基本要素,促进全体人民的健康是实现社会主义现代化基础和目标。

现代社会的发展给人们带来了丰富的生活,也带来了许多"现代文明的疾病"。在人类生活过程中,许多相互交叉和相互关联的因素对人类健康问题产生了全面影响。在一些医学杂志上可以看到大量关于生活方式与疾病之间关系的研究,从另一个角度解释了生活方式对健康的影响。

二、体育运动对生理健康的影响

人体由各种系统和器官组成。身体锻炼是人体各器官系统协调与合作进行的。同时,身体锻炼对一些器官系统产生了积极影响。

（一）体育运动与神经系统

神经系统包括中枢神经系统和外围神经系统，身体的所有活动都是在神经系统的调节和控制下进行的。这些活动反映到神经系统，辅之以认知、分析、判断和反应过程，在这些过程中，体育可以改善神经系统的功能。体育方面的许多复杂变化要求我们做出及时、协调、准确和迅速的反应，体育运动还有效地消除了脑细胞疲劳症，提高了学习和工作效率。

（二）体育运动与心肺功能系统

心脏系统在人类健康和生命活动中发挥着非常重要的作用。身体锻炼消除了身体中产生的大量脂肪，减轻了心脏负担，从而降低了心脏病的发病率。长期有氧运动可以发展心脏肌肉，使心脏减压，使血管壁上的肌肉增肥，并具有良好的弹性，从而增加血液循环，降低血压。它确保提供身体所需的氧气和营养，并防止出现高血压和冠心病。

（三）体育运动可以强身健体

有效的科学锻炼使肌肉和骨骼、更强壮。特别是在身体不同部位的特殊训练使人体变得美丽和有活力。正常的身体锻炼有助于骨骼发育，参加定期的体操锻炼可以强化肌肉，增强体力，提高耐疲劳性和耐久性。同时，它还可以消除过多的脂肪和防止肥胖。

（四）体育运动与其他身体系统

体育运动可以刺激激发荷尔蒙，从而有助于儿童和青少年的成长和发育，并在加强运动能力方面发挥重要作用。定期锻炼对消化系统的功能有积极的影响，加快了消化，增加了身体对食物的需求，并有助于加强身体素质。适度锻炼可以使人们感到兴奋，保持良好的情绪状态和信心，以达到消除疲劳的目的。"生命在于运动"，更确切地说，人的生命更在于体育运动。体育运动改善了大脑循环和氧气供应能力，增加了大脑神经细胞的营养和氧气，增强了各种器官在生活中的作用，提高了各种系统的容忍度，使人们能够保持健康的身体。

三、体育运动对心理健康的影响

为任何目的和社会方向开展的任何人类活动都必须以生物功能为基础，并由有意识的活动即精神活动加以规范。人类精神活动的性质反映出大脑外的客观事物。目前紧张的生活节奏将使人们感到压力和沮丧，而紧张的工作将使人们的身心感到疲惫。体育运动可以促进身体健康，为心理健康的发展提供坚实的物质基础。体育可以调节人们的精神活动，并培养良好的情感。与此同时，它刺激并产生积极的思想和情感。它有助于调节人的心理素质，发展和提高智力，调节和改变情绪和感情，发展人们的意识形态风格，使人们有勇气、毅力辛勤工作和克服困难。它有助于促进集体主义和爱国主义。

人们在进行体育锻炼时，会有一种"畅爽"的感觉。这是一个通常被称为"快感中心"的人类大脑领域所起的作用。能产生脑流刺激的主要是集体和竞争性的体育活动。它将显示技能水平、个人修养和人格魅力。

实现社会和谐和建设一个更美好的社会一直是人类为之奋斗的社会理想。只有和谐、健康和稳定的人类发展才能促进社会和谐、健康和稳定发展。体育的目的和作用是促进人的全面发展。体育运动在人的全面发展中发挥着重要作用，因此是建设一个以人为中心的和谐社会主义社会不可或缺的因素。此外，体育也是一项崇高和充满情感的运动。通过体育，人们可以认识到个人与他人之间以及个人与集体之间的关系，以便在相互照顾和支持的人之间建立和谐的关系。

体育是一种有意义的社会活动，是人类有目的地从事的。它是一个特定历史阶段的产物，根据人民的生产和生活需要逐渐形成和发展。它是人类选择自己生存和发展的结果。在建设和谐社会的过程中，积极促进体育活动占有重要地位。在一个以"和谐发展"为主导思想的富裕社会中，中国体育发展必将取得更大进展。

第二节　影响人体健康的基本因素

随着社会文明的发展和人民生活水平的提高，人们对自我护理的认识逐步提高，健康问题已成为人类生存和发展的热点。健康是人类生活的正常状态，是经济繁荣、社会进步和国家繁荣的保障。影响人类健康的主要因素是住房环境、营养、体育锻炼和心理状况等，这些因素与人们的日常生活密切相关，是促进人类健康的有效途径。

一、住房环境

一个人的大部分时间都在家里度过。房间环境的质量以及空气质量不仅影响着工作和学习的效率，而且直接影响着人们的健康。空气在人们的生活中是一个重要的外部环境。长期生活在潮湿和寒冷的条件下，可能导致关节疼痛和感冒。夏天潮湿而闷热的房间，可能会影响人体的温度调节功能，使人们降低工作效率，并感到疲惫，甚至会中暑。在阳光不足的长期环境中，儿童可能会出现畸形，而老年人则容易骨质疏松和缺钙；在冬天，温度太低，身体必须由中枢神经系统毛细血管收缩来控制。血液流动减少是为了减少热量消散，同时增加甲状腺素的生产，这将加强人体的新陈代谢，增加热量生产，以维持身体的热平衡。如果房间的温度没有及时改善，它会让人们感到沮丧和寒冷，从而导致蜷缩。烟雾、灰尘、细菌、霉，燃烧产生的二氧化碳和一氧化碳、甲醛、苯以及家用电器和室内装潢设备排放的其他有害气体可对人类健康造成严重影响，使人类患上诸如头疼及肺癌等呼吸系统疾病。当室内空气污染时，其危害程度是外部空气污染的 4～5 倍。同时，噪声也可能导致头痛、失眠、动脉压力增加、心脏病发病率增加、食欲丧失等。

　　身体产生的热量可通过四种方法向外传播，即辐射、传导、对流和蒸发，以保持恒定的体温。夏天，当环境温度为 21℃时，身体不出汗，主要是通过辐射散热；主观上，在 27℃时，感觉更舒服；在 28℃～30℃时，静止状态下的汗分泌体大幅度上升，散热主要通过出汗蒸发，这个时候有一种热感；当温度超过 35℃时，几乎只有通过出汗才能消除热量。良好的居室环境应为：第一，室温：冬季最好为 16℃～18℃，昼夜温差不超过 4℃～6℃，夏季为 25℃～27℃。第二，相对温度：最好的是冬天不小于 15℃，夏天不大于 20℃。除了可以杀菌外，阳光里面的紫外线还促进形成合成维生素 D，这有助于消化肠道中钙的吸收，并确保身体对钙的需求。此外，太阳射线对人体有积极的生理影响。皮肤受热和光电效应的刺激，可以提高神经系统和身体的免疫能力。频繁的通风有效地消除了室内空气中的有害气体，并净化了室内空气。室内也可以种植一些植物，如仙人掌和竹子，它们表面的许多毛孔可以吸收二氧化碳并将氧气释放到空气中。冬季温度可以增加，夏季温度可以降低。此外，还可以在空气中增加负离子的浓度，让人体的呼吸标准化，改善肺部通风，促进胃汁分泌，降低胆固醇和血糖。

二、营养

　　身体通常需要的基本营养分为七类：蛋白质、脂肪、糖、矿物质、维生素、水和纤维素。身体只有在有足够的营养物的情况下，才能抵抗外来细菌或其他致病微生物的入侵，对疾病有足够的抵抗力。这七种养分对维持生命至关重要，每一种都是不可或缺的。蛋白质是人体组织形成的一部分，它们还形成人体所需的酶和激素。它生产抗体，调节流体平衡，并在体内运输物质。脂肪是人体的主要能量来源，是细胞的重要组成部分，也是脂溶性维生素的唯一溶剂。糖为身体提供能量，也参与细胞的形成。矿物、维生素、纤维和水调节身体的生理功能，并参与人体组织的形成。营养素是机构的物质保障，通常来自食物。吃食物是人类的本能，合理的营养摄入是科学的。对粮食的科学利用、最大限度地发挥其营养功能和适当的营养摄入，都需要对营养的了解。研究维持生命活动的食物吸收和营养的学科被称为营养学。身体需要从各种食物中获得营养，这就要求我们的饮食适应每个身体的生长和发育特点以及生理条件。

　　充足的营养不仅可以改善身体素质，而且可以作为预防和治疗疾病的一种手段。营养不良不仅使人虚弱，而且可能导致疾病。例如，缺乏维生素 A 可能导致眼睛干涩、钙缺乏等。同样，营养过多或不平衡可能使脂肪消耗过多，导致肥胖、高血压或冠心病。此外，营养也与癌症发病率有关。例如，脂肪消耗与乳腺癌发病率有着正相关的联系，饮食纤维消耗与直肠癌发病率有着负相关的联系。如果营养不足，会影响身体的免疫能力，导致营养不良、抵抗力下降和易受感染。它还影响着身体的紧急状态和受伤后的身体恢复，良好的营养可提高身体应付紧急情况的能力并促进恢复。儿童营养不良可能影响智力发展，因此需要在儿童成长中注意饮食营养并养成良好饮食习惯，更好地促进身体发育。维生素是维持生命所必需的，纤维素可以促进肠道运动和预防直肠癌。营养不良引起的疾病也可能是食物的摄入量不足造成的，也可能是食物中营养素混合不足造成的。这需要营养平衡，即饮食必须合理，所提供的营养比例必须适当，一个人的摄取量必须与身体的需要保持平衡，该人必须获得足够的卡路里来维持身体活动和提供足够的蛋白质。满足生长和组织更新需要适当数量的无机盐和维生素，还需要一定数量的纤维和足够的水来确保正常的生活。身体液体通过荷尔蒙、酶、矿物质和维生素调节身体的生理功能。其中矿物和维生素直接从食物中提取，而荷尔蒙和酶则需要蛋白质、脂肪、矿物、维生素和其他营养物才能共同合成。因此，养分的质量直接影响着对体液进行调节的物质基础。例如，蛋白质的质量可能会影响血液的特定重力和肝脏酶的活动，脂肪可能会影响雌激素，蛋白质和维生素 C 可能会促进肾上腺功能，缺铁会降低血液中的氧气输送功能等。

三、体育锻炼

体育是改善和维持健康以及改善身体功能的一个有效途径。长期锻炼保持身体的正常肌肉色调，刺激血液循环，这有助于生命活动期间的新陈代谢正常发展，从而有助于组织细胞的正常活动。与此同时，它提高了肺容量，加强了呼吸系统的功能，帮助改善了消化系统的功能，并使人们感到充实、快乐。锻炼身体有很多类型的运动，如肥胖的人可以选择骑自行车、球类、游泳等；瘦的人可以选择俯卧撑、引体向上、拉力器等，他们也可以选择提高肠胃功能的锻炼；脑力工作者可以选择走路、慢跑、玩球、游泳；等等。适当可以降低心脏的频率，增加血液含量，改善肺功能和心脏功能，预防心脏病，增加骨质密度，预防骨质疏松症，减少肥胖症和预防与肥胖症有关的疾病。长期的锻炼还可以有力地刺激心脏，增加血液循环，并提高血液中氧气的含量。它不仅可以改善血液循环，还可以改善生命活动中的新陈代谢。它可以改善血液循环，有效地保护人体组织中的所有细胞，向其输送氧气和营养物、激素和其他化学物质，同时消除组织中的代谢残留物和排泄物，从而保持组织的正常生理功能。它还可以改善肠道状况，预防和治疗溃疡、胃肠肠炎、便秘等。

四、心理状态

在一个人的生活中，情绪的变化，如幸福、愤怒、悲伤和快乐，将在任何时候和任何地方发生。情感就像染料，用各种颜色影响人们的生活；情感起着催化剂的作用，加速或抑制人们的活动。人们需要积极和快乐的情感，这是健康、幸福和成功的动力。人们也感受到消极的情绪，如焦虑和痛苦，这可能使人们感到沮丧。如果处理不当，可能会严重影响个人的身心健康。情感是人们对周围事物的态度的内在体验，反映了个人与周围事件之间的关系。它有两个方面：一旦人们的需要得到满足或基本上得到满足，就会出现积极的情感经历；当人们的需要得不到满足或相反，就会出现消极的情感经历。不耐烦、忧郁、忌妒、愤怒和其他有害健康的情绪与许多疾病的出现密切相关。在心情不好的情况下，中枢神经系统的活动状态将被恶性刺激，产生不良影响，导致身体出现一系列不健康的功能调整，从而降低身体对疾病的抵抗力，并容易患高血压和心脏病。因此，我们必须调整情绪，促进身心健康。人格是一个综合的心理特征单位。它是一个相对稳定的结构组织，在不同的时间和空间环境中影响人们明示和默示行为模式的精神特征。它是人们心理行为的基础，对人有影响，是身心健康的一个关键因素。人是社会性的，人与人之间广泛而复杂的关系对他们的心理健康具有深刻和持久的影响。良好的关系有助于健康，不良的关系有害于健康。

环境是人类赖以生存的物质基础。良好的环境和合理的营养分配是促进人类健康的物质基础，身体锻炼是改善身体功能的有效手段。适当选择健身是促进人类健康的一个重要保障。这对健康是必要的，只有科学地结合起来，我们才能更有效地促进健康，提高人体的适应能力。

第三节 体育锻炼的健康效应

根据调查报告显示，中国青少年目前的体质指标正在大幅度下降，许多学生的体能有严重问题。只有29.3%和32.1%的小学生和中学生每天参加超过1小时的体育活动，而10%的小学生和16%的中学生从未在课外参加过体育活动。

在18世纪，法国哲学家伏尔泰说："生命在于运动。"锻炼是生活的表达，而这反过来又有助于生活的活动。现代医学和生命科学研究表明，良好的生活环境、乐观和开放的精神素质、经常参加体育和健身活动、合理的营养和没有不良习惯是人类健康的主要因素。

青少年不仅处于智力增长和身体发育的阶段，也处于人成长最快的阶段，但他们的身体发育仍然非常不确定。如果要使青年人的身体发育良好，就必须教育他们及时和正确地参加体育锻炼。

一、体育锻炼的生理效应

（一）体育锻炼的界定

体育锻炼是指人们根据身体需要进行自我选择，运用各种体育手段，并结合自然力和卫生措施，以发展身体，增进健康，增强体质，调节精神，丰富文化生活和支配余暇时间为目的的体育活动。

（二）体育锻炼的健身作用

青少年处于成长和身体发展的顶峰。一个经常做体育运动的孩子通常很坚强。相反，身体条件差的人则缺乏锻炼。当身体进行运动时新陈代谢过程会加强，所有器官系统都是活跃的，这是促进发育的一个好办法。随着时间的推移，这些系统将得到强有力的发展，其学习和工作能力也将相应提高。因此，这个时期的青少年应坚持锻炼，从而得到无限的收益。

（三）体育锻炼能塑造健美的体型

体能锻炼可以使人身体健康，让身体处于正确的姿态，让高个子魁梧但是不单薄，苗条而不纤细；小个子灵巧而不笨拙，丰腴而不臃肿。这是因为运动会影响四肢、脊柱、胸腔和骨盆的骨头，使结核骨骼增生，骨骼扩张，小骨碎片的处理也会发生适应性变化。它加强了骨骼发育，增强了对外力的抗压能力，包括弯曲、拉长和压缩。

身体运动在骨骼肌肉上的变化特别明显，提高了肌纤维的长度，增加了距离，提高了毛细管的渗透性，改善了对身体的物质供应。肌肉每一部分的使用程序是不同的，身体的形状是不同的，参加不同的运动。像有竞争力的体操运动员，肩膀、手臂和胸肌都很发达。跳得高的人大多瘦、长，腿肌肉发达。举重运动员和相扑摔跤手的身体非常坚固，胸肌特别发达，可以看出锻炼对肌肉有很大的影响。

（四）体育锻炼对循环系统的影响

身体锻炼可以改善循环系统的功能。身体的循环系统由心脏、血管和淋巴系统组成。心脏是一个权力机关，血液和淋巴系统是运输器官，淋巴系统也有防御功能。人体通过循环系统的活动为数千万个细胞的整个身体提供血液。血液不断将呼吸系统中的氧气和消化系统中的大量养分输送到人体的各种组织和器官系统，以维持生命活力。如果心脏不正常，交通系统失灵，身体和生命活动的新陈代谢就会受到严重威胁。因此，心脏是人体所有器官中最重要的器官。心脏和血管的功能在很大程度上决定着一个人的健康和身体状况。

（五）体育锻炼对呼吸系统的影响

身体锻炼可以改善呼吸系统的功能。呼吸系统对身体的影响也至关重要。呼吸过程是身体和环境之间的一种气体交换过程；也就是说，它提供了人体所需的氧气，并将其释放到体内几千亿个细胞的新陈代谢中。

呼吸系统功能的潜力也很大。在寂静期间，一分钟的平均空气量为4200毫升，而在活动高峰期间，肺部的空气量可达到每分钟120升。这表明锻炼可以大大改善身体的呼吸功能。

身体锻炼不仅大大改善了肺部的通风，还不断提高了身体提供氧气的能力。"慢速长跑是维持健康的最佳方式。"德国医学教授赫尔曼说。关键是氧气，体育运动期间的氧气量是坐在那里的氧气量的8~12倍。在这一期间，呼吸过程将加深，吸入更多的氧气，排放更多的二氧化碳，从而提高肺容量，降低剩残气量，提高肺功能。定期锻炼的人有很强的适应能力，他们的呼吸似乎稳定、深入和均匀，频率较低，平均每分钟呼吸6~8次，而不锻炼的人平均每分钟呼吸12~15次。

（六）体育锻炼对免疫系统的影响

锻炼可以减少患糖尿病的风险。糖尿病的一个特点是，血液中的糖含量很高，如果病人不加以控制，可能会引起其他许多健康问题，如视力衰弱和肾衰竭。正常的身体锻炼可以控制血糖含量的增加，从而大大降低人们患糖尿病的可能性。

二、体育锻炼对神经系统的影响

锻炼可以改善神经系统的功能。神经系统是人体"基础"。神经系统的功能，特别是大脑的功能，与调节人体器官系统的功能有关，在人体力量中起着决定性作用。

身体锻炼可以锻炼大脑和神经系统，提高神经细胞工作的强度、平衡、灵活性和耐受性；神经细胞可以获得更多的能量和氧气，使大脑和神经系统能够获得能量和氧气。研究表明，当脑细胞起作用时，需要的血液比肌肉细胞多10~20倍，大脑消耗的氧气占身体消耗氧气的20%~25%。身体锻炼可以合理地改变大脑的刺激和抑制过程，消除疲劳，澄清思想。

科学家对六周的婴儿大脑的生物电压进行了测量发现，长时间的右手伸展弯曲运动加快了大脑左半球语言的成熟程度，而左手训练则加速了大脑右半球的语言的成熟性。科学家们还发现，主要靠右手工作的成年人大脑的左半球发挥着主要的语言作用，左侧比右侧大。所有这些都足以证明体育活动有助于神经系统的发展和改善。一个乒乓球运动员准确地击中球，弹出102毫秒（1毫秒=1/1000秒），需要正确的判断力和正确的位置，正确的位置取决于球拍的形状、角度和跌落点分析。在一瞬间，你可以看到他的快速反应，没有长期的努力，很难做到。

随着神经系统功能的改善，各种器官系统的控制和管制能力可以不断提高。

三、体育锻炼的其他作用

身体锻炼可以防止骨折。骨质疏松症可能导致骨裂，这种情况可能发生在所有年龄段的人身上，在老年人（特别是老年妇女）中更为常见。研究表明，正常的身体锻炼可以通过增加骨头的密度和强度来防止骨裂，同时也能对骨质疏松症患者产生积极的治疗效果。

锻炼可以预防心血管疾病。心血管疾病是当今世界威胁人的生命的主要死亡原因。据报告，在美国，每死去的两个人中就有一人死于心血管疾病，而中国死于心血管病的人居首位。许多研究表明，参加正规体育活动大大降低了心血管疾病形成和发病的风险。

锻炼可以改善消化系统的功能。身体锻炼将改善身体的营养消耗，增加整个身体的新陈代谢，从而使人增加食欲。此外，锻炼还将刺激胃肠炎和消化液分泌，提高肝脏和胰腺的功能，从而改善整个消化系统的功能，并为人们的健康和寿命提供良好的保障。

身体锻炼可以维持身体活动。人口老龄化的一个主要特点是体育活动逐渐减少，特别是在60岁以后。在我国，有一句谚语说："老人常锻炼，拐杖是一把剑。"事实表明，正常的身体锻炼可以阻止老年人身体状况的恶化。

身体锻炼可以延长生命。就像俗话说的："如果你锻炼，80岁都不算老。如果你不好好锻炼，40岁会长白头发。"许多研究表明，正常的身体锻炼可以延长生命，不锻炼的人死亡的可能性比正常锻炼的人高31%。

因此，我们必须在实践中坚持下去，发扬锻炼的精神，捍卫生命，提高生活质量。

第四节 体育健身的基本要求

一、培养良好的运动意识

坚持运动可以增进健康，但并非人人都具备这种意识。有许多人把时间花在一些无用的消耗上就是不想参加身体锻炼，这可能主要由于文化水平低与精神素养差，缺乏对运动健康应有的认识，从而形成了运动健康意识危机的现状。

强烈的运动爱好和健康意识，不是一种简单的兴趣，而是经过不断努力学习、不断接受教育、不断发展自我、认识提高到一定水平而形成的结果。强烈的健康意识是人从事运动健康的动力，所以许多发达国家对青少年十分注重这种强烈意识的培养。培养运动健康的意识，一要不断提高个人的文化素养，丰富知识；二要把个人的健康与生活、工作学习和家庭的幸福紧密地联系在一起；三要认识到人能健康生存的真正价值；四要先强迫自己主动参加运动健身活动；五要把身体运动作为生活与生存必不可少的内容。

二、不断学习和掌握运动健康的科学知识

在参加运动健康活动时，必须有科学的知识来指导自己，不能想怎么动就怎么动，不能把身体运动理解为一项简单活动。为了对自己的身体负责，应该有科学的头脑，应该把运动健康作为一门重要的学科进行研究与利用，同时要把提高个人的健康水平作为自己终生的课题进行系统的研究与实践。在不同的年龄阶段有不同的身体状况，用不同的科学知识指导自己进行身体运动，努力促进机体健康发展。不用知识指导健身运动是对自己身体不负责任的表现，千万不能盲目地把自己的身体作为一种试验品，今天这样运动，明天那样运动，这样反倒会影响健康。

三、要遵守运动健康的各项原则

身体运动是有其严格而规范的原则的，千万不可随心所欲。人体运动健康的原则有意识性原则、全面性原则、循序渐进原则、经常性原则、合理负荷原则和差异性原则等，遵守这些原则是使身体运动获得效益的基本保证，否则可能会对身体的健康起反作用。

四、要不断掌握自己的身体变化情况

人体在长期坚持运动的过程中，由于运动负荷的变换，机体可能发生各种变化，如运动负荷过大使身体产生不适应状况；运动方法不好使身体受伤或影响个人情绪等。另外经过一段时间的锻炼，机体健康水平提高了，有必要改变运动负荷。一旦能很好地掌握自己的身体状况，对于改进运动方法、手段和负荷提供了良好的信息依据，就能使人体向更健康的方面发展。

五、参加身体运动必须有利于学习工作与生活

参加身体锻炼活动既消耗时间，又消耗人体的精力，如果因多占用了时间，或身体产生过度疲劳等不适应状况而影响个人的学习、工作与生活，那首先得调整自己的锻炼时间或运动负荷，绝对不应该形成矛盾。实践证明适宜的身体锻炼活动对于学习工作与生活都有积极的促进作用。这就需要制订一个切实可行的锻炼计划，并且要在不同的阶段、不同的环境条件下进行反复的修改和调整，使身体锻炼与人的一切正常活动融为一体，成为人体健康生存的有机联合体。

六、身体运动要注重社会交流活动

人在参加各种身体运动的过程中,有时必须有运动伙伴的相互协作和互为条件。参加这种运动既有利于促进身心健康,又有利于个性发展,同时还有利于运动经验的积累与交流。作为一个人不能总是参加一种活动,一定要善于与人合作与交流。这样既可以发展自己,又可以调整运动中的群体情绪,从而收到更好的锻炼效果。另外通过一定形式的交流与合作,可以促使人不断从经验中学习,在实践中提高身体水平,增强自己更加努力参与锻炼和提高健康水平的信心和决心。

七、培养良好的健康与卫生习惯

人进行身体运动本身就是一种培养健康与卫生习惯的过程,因为身体运动是在一种高尚的精神与文化素养影响下进行的一种有益的活动,所以,作为参与活动者应该不断加强健康与卫生意识,而且不仅仅是局限于身体运动过程之中,还应该延伸至生活的全过程。

八、要加强身体运动后的恢复、调整和保养

身体运动后的恢复、调整和保养是促进身体健康的一个延续过程,不能分离开来。所以在进行运动之后要注意身体的放松,保证足够的睡眠,要有合理的膳食营养,同时还要保证有愉快的心情,只有这样才能更有利于身体的健康发展。

第二章

体育健身的科学基础

第一节 体育健身的生理学基础

身体训练可对各种器官系统的活动产生积极影响。因此,对身体主要组织系统的结构和功能进行了解可以有效地指导所有人接受体育科学教育,这是终身健康的基本前提和保障。

一、能量代谢与血液循环

(一)能量代谢系统的特点

1.ATP-CP 代谢系统

在 ATP-CP 新陈代谢系统(又称磷酸原系统)中,CP(磷酸肌酸,简称 CP)离 ATP(腺嘌呤核苷三磷酸,又称腺苷三磷酸,简称 ATP)很近。它也是一种高能量磷酸化合物,储存在肌肉细胞中。在分解过程中,可以释放出大量的能量重新合成和使用 ATP。持久性有机污染物释放出的能量使磷酸原中的 ADP(二磷酸腺苷)和无机磷酸发生了解冻。每一克 CP 分子量,就可以合成另一克 ATP 分子量。ATP 和 CP 合称磷酸原。肌肉中储存的磷酸原总量很小,男性的分子重量约为 0.6 克,女性为 0.3 克。显然,这一系统提供的能源非常有限。该系统提供的能量极为有限。根据研究,如果身体继续以最快的速度移动几秒钟,肌肉中的磷酸原(ATP-CP)就会耗尽。

磷酸原的使用对于在几秒钟内可以实现的广泛技能非常有用,如疾跑、跳跃、投掷、踢球等,不仅是这些活动的主要能量来源,而且直接影响着体育成绩的表现水平。

2. 乳酸代谢系统

乳酸代谢系统在竞争性体育运动和训练中的作用极为重要，特别是在运动最快速度为1~3分钟的情况下，如400~800米的比赛，其中大多数依赖于乳酸代谢系统所提供的能量。在长期维护的最后阶段，乳酸代谢系统的能量供应也很突出。

乳酸代谢系统，又称厌氧代谢系统，是糖在低氧新陈代谢系统中分解产生的能量，可以产生ATP。当一部分肌肉葡萄糖分解时，其代谢物是乳酸，因此也被称为乳酸的代谢系统。当乳酸在肌肉和血液中累积到一定程度时，它可能导致暂时的肌肉疲劳。肌肉葡萄糖释放出厌氧状态的能量，这使得空的ATP数量大大低于合成的ATP数量。

3. 有氧代谢系统

有氧代谢系统也被称为有氧能量供应系统。在需氧代谢过程中，同样数量的肌肉葡萄糖分解成二氧化碳和水，释放的能量可产生多达13倍于无氧合成的ATP。有氧和厌氧的新陈代谢都出现在肌肉细胞中，但有氧新陈代谢的具体位置仅限于细胞的线粒体。

有氧代谢系统的另一个特点与代谢物的类型有关。与脂肪、蛋白质和肌肉葡萄糖一样，它们也被归类为空气条件下的ATP合成能量。256克脂肪分解，能够产生130克ATP。这是身体训练的主要能量来源，很少使用蛋白质。值得一提的是，生物代谢系统不仅能够使葡萄糖和肌肉脂肪为ATP合成产生大量能量，而且其代谢物不会转化为导致疲劳的物质。因此，有氧代谢系统对长期耐久性运动至关重要，运动员有氧新陈代谢水平将对其在耐久性运动期间的表现产生直接影响。

（二）血液循环系统特点

氧气是生产或再生ATP能量的重要条件。氧气必须从空气中输送到肌肉细胞的线粒体，用于ATP合成。空气中的氧气进入腺体需要两种主要系统的工作，即呼吸系统和循环系统。简单地说，我们称之为心脏系统。一旦新鲜空气进入肺泡，空气和血液之间的氧气和二氧化碳交换就开始了。这是天然气交换的第一阶段。交换地点是血管膜，这是一层非常薄的组织，其主要功能是将血管和血管膜从毛细血管血液中分离出来。第二阶段是血液和肌肉骨骼组织之间的气体交换，在组织的微血管膜中进行。从第一阶段到第二阶段的气体交换受许多因素的影响。它主要受红血球数量和血红蛋白含量的限制，也受肌肉微血管数量和微血管密度的限制。

血液以两种方式输送氧气和二氧化碳：一种在血液中溶解，另一种与血液化学结合。

在正常情况下，血液中溶解的氧气量很小，因此第二种方法主要用于提供氧气。大部分的氧气通过化学途径与运送的红血球的血红蛋白结合。氧气和血红蛋白与血液流动相结合，从血管、动脉和毛细血管到气体交换的第二阶段，再到细胞的腺。

使用心脏频率测量来估计运动员心血管系统的功能并分析运动强度，是一种简单的方法，在体育训练中经常使用。在心脏频率方面，最好的球员和普通人之间有很大的差异。

一般来说，在平静状态下，一个人的每搏输出量平均体积为 70~80 毫升，心脏频率为 65~80 次；精英运动员的每搏输出量为 100~110 毫升，心脏频率为 50~60 次。一个人的平均击打量可以达到 120 毫升，一个好球员的平均击打量可以达到 170 毫升，在运动过程中血液分布会发生重大变化，85% 的肌肉可以在最大强度运动中获得，在休息期间，只有 15%。

血液在运动中的变化受两个因素的影响：一个是肾脏、肝脏、皮肤等动脉的收缩；另一个是血管扩张，使骨骼肌肉和毛细管能够进入骨骼肌肉。这是生理上的变化确保大量的氧气能进入骨骼和肌肉。

在抵抗运动或抵抗训练中，人体所需的 ATP 主要来自有氧代谢系统。因此，氧气供应系统的作用是非常重要的。其中，最大氧气消耗和最大氧气消耗率是两个重要指标。最大氧消耗量的 93% 受先天基因的影响，因此最大氧利用量可作为一个指数，用来评估运动强度。最大的氧气利用与乳酸的生产密切相关。在正常情况下，当非运动员达到 $60\%VO_{2max}$ 时，乳酸的积累会大大增加；当精英运动员接近 $80\%VO_{2max}$ 时，乳酸的积累就会开始。人们普遍认为，当乳酸在人体内迅速增加，并且在演习期间变得越来越密集的临界点被称为"乳酸控制区"，乳酸浓度的临界点被称为"乳酸阈"。在训练过程中，在同一厌氧阈值内，运动强度提高，氧气作用增强，使用率提高，有氧代谢水平提高。

（三）主要新陈代谢特点

一般来说，对于不同体育运动的能量新陈代谢特点而言，实际体育负荷（训练）的工作时间是讨论的基础。

所谓的工作时间是练习（训练）所需的时间。例如，篮球训练的顶部和底部各为 20 分钟，总时间为 40 分钟，所需能源自然包括厌氧代谢系统。

在某一运动中，最大负荷阶段的工作时间称为有效负荷时间。例如，有些项目似乎工作时间很长，关键点是通过许多直接的技术完成的，如急停、跳跃、慢跑，而这些技能的实现则是在一种无氧状态下进行的。例如，在篮球、足球和排球比赛中，能量新陈代谢系统似乎主要是需氧新陈代谢，但具体而言，一个人有效的进攻和防御技术的劳动强度通常被归类为无氧新陈代谢。显然，我们需要深刻了解足球的能量新陈代谢和能量供应特点。

虽然体育运动各不相同，但体育工作的强度没有变化。不同体育运动，如田径、游泳、划船、骑自行车、溜冰和其他体育运动中的负载强度存在着相似之处。因此，我们可以很容易地看到这些项目在其持续运作期间的能源供应特点。例如，可以从不同的定期练习和实际工作时间的特点来看出，能量新陈代谢具有高度的相似性和同类性。

乳酸新陈代谢系统的能量供应效率与工作时间和工作强度密切相关，存在着重大差异。造成这种差异的原因是：第一，乳酸新陈代谢系统在高强度运动期间没有立即代谢，通常需要一段时间才能开始。因此，在高强度初始阶段，乳酸新陈代谢系统无法提供所需的能量，以便在更大的活动之后重新合成 ATP。第二，在试验阶段，当乳酸新陈代谢系统开始工作时，大量的乳酸积累会导致肌肉疲劳，降低运动强度。因此，乳酸新陈代谢很少用于在实践训练和体育活动中提供能量，但主要用于两种代谢系统中的任何一种。

二、骨骼肌肉与神经控制

（一）骨骼肌的收缩机制

骨骼肌肉具有收缩能力，在某一类别中的收缩力取决于两个条件：一是引起收缩的运动单位参与数量；二个是神经冲动的驱动力。

骨骼纤维具有控制功能，身体的肌肉纤维分为红肌肉和白肌肉两部分。红色肌肉的收缩缓慢而坚韧，因此可以长期维持收缩状态。白肌萎缩很快，肌肉很强，但皮肤很容易疲惫，皮肤很结实，可以跟随强大的牵引力，将力量转移到骨头，肌肉和肌腱与骨头相连。

肌肉的物理特性包括兴奋性、电导性和适应性。肌肉刺激内部和外部环境的能力被称为肌肉刺激的能力。肌肉在收缩前会兴奋，在一定的生理限度内，肌肉越兴奋，接触力越强。在肌肉纤维某一点上的刺激可以将刺激扩大到整个肌肉纤维，一种被称为肌肉电导的属性。

运动神经纤维源于中枢神经系统，延伸到骨骼肌肉，直到肌肉纤维。神经纤维的极端分为许多分支，每个分支都与肌肉纤维相连。当神经传递神经冲动时，会通过神经纤维的分支扩散到所有肌肉纤维，从而使所有肌肉纤维结合在一起。肌肉纤维并不是固定的，而是分散在肌肉上的。因此，当一个单一的运动单位收缩时，整个肌肉组可能会略有收缩。如果更多的单位运动，肌肉会产生更多的压力，当刺激一个神经单位时，所有的肌肉纤维都会收缩。如果这个单位有很多肌肉纤维，它的收缩力强。

当超过中央神经系统刺激极限的神经脉冲到达神经肌肉联盟运动板的末端时，一种称为乙酰胆碱的化学物质被释放，造成海绵膜的损失和钙离子的迅速流入，引发神经系统的兴奋。

（二）肌肉收缩基本类型

肌肉收缩有四种基本类型：等张收缩、等长收缩、离心收缩和等动收缩。

1. 等张收缩

等张收缩又称为向心收缩，是运动员最常见的肌肉收缩形式。等张收缩的特点是在压力下肌肉收缩，几乎所有举重物体的行动都是这种收缩的结果，在等张收缩期间，关节运动的不同角度有不同的压力。在关节的任何运动范围内，肌肉都是以等张形式收缩的，这就产生了移动物体所需的压力，这种压力因关节角的不同而不同，对于关节的较弱角，肌肉必须承受更多的压力。在进行同位素强度训练时，关节运动角的所有肌肉都不能完全训练，这是等张收缩强度训练的一个缺点。

2. 等长收缩

肌肉紧张的时候肌肉的长度不会改变。如果你伸拉一个沉重的物体并保持它不动,它是收缩的结果,等长收缩也被叫静力收缩。

3. 离心收缩

这是一种逆同位素收缩的收缩形式,因此被称为离心收缩。当肌肉以奇怪的方式收缩时,肌肉会产生压力和伸展,如人体的上下运动是这样的。

4. 等动收缩

以恒定速度,最大的肌肉收缩发生在整个关节运动范围内,必须指出:虽然等动收缩和等张收缩是同心的,但它们并不相同。差别的一个重要指标是:第一个收缩的每一个连接角的压力总是最大的,行动速度是恒定的;后一个收缩的每一个连接角的压力总是变化的,行动速度也是如此。类似于同位素收缩的训练有助于加强肌肉的薄弱环节。

(三)快、慢缩运动单位

运动单位可分为快缩单位(快肌收缩运动单位)和慢缩单位(慢肌收缩运动单位)。这两种运动单位实际上具有完全不同的功能,并对竞技运动有其各自的重要意义。了解其功能特性,对于肌肉科学的训练有着极大的作用。现分述如下:

1. 快、慢缩运动单位的能量代谢

快缩单位的无氧代谢能力要比慢缩单位大得多。例如,快、慢单位都含有使 ATP-CP 代谢系统发生作用的酶,但前者中的酶作用力约为后者的 3 倍;同样,两种运动单位中都含有糖解化酶,但快肌纤维中的此酶作用力高达慢肌纤维中的 2 倍以上。因此,快缩单位在生化学上最适宜快速冲刺、跳跃等活动。反之,慢缩单位的有氧代谢能力远比快缩单位大,因此其在生化学上是最适宜耐力性项目的活动。

2. 快、缩运动单位的收缩速度

一般认为:快肌纤维产生最大张力所需时间约为慢肌纤维的 1/3。造成如此差异的原因主要有二:快缩单位具有较强的无氧代谢能力;快缩单位中的运动神经原的神经纤维直径较粗,神经冲动的传导速度较快。

正是快缩的速度较大,因此人体肌肉中快肌纤维的比例越高,其肌肉的收缩速度则越快,其在速度方面的运动能力则越明显。

3. 快、慢缩单位的收缩力量

快肌收缩单位的收缩力量要比慢肌收缩单位大得多。造成两者之间的这种差异原因也有二:快肌纤维比慢肌纤维的直径粗;快缩单位所含的肌纤维数目要比慢肌收缩单位的肌肉纤维数目多,故而,人体肌肉中快肌纤维的比例越高,其收缩力越大,人体在力量方面

所表现出来的运动能力则越明显。

（四）中枢神经控制机制

在人体中，两个最重要的肌肉器官是肌肉带和高基腱器。两者的组合被称为感官肌肉器官。因为肌肉和感官器官的存在，中央神经系统能够控制训练。

人体大脑皮层有两个特殊的神经区域，在刺激时会引起各种活动，每一种活动都会引起特定的活动。第一个区域是主要区域，第二个区域是运动前区。

在第一个区域，人体各部分的运动存在于其各自的细胞中，以不同的方式在这个区域，并且有机连接，因此，人体活动达到了良好的协调水平，由于这一区域的神经系统与负责协调人体肌肉的脑细胞相连接，它对于发展活动技能也非常重要。

运动技能培训的原则是神经引导和连接的机制，提供了一些通过运动技能形成神经途径的例子。例如，一个网球初学者的正手击球。这一运动过程通过皮质大脑皮层运动，负责"学习区"，感官器官的肌肉和大脑（肌梭、高基腱梭）获取感官信息，大脑、小脑共同协调动作。一旦学会了这一击球动作，这种活动方式就会变得不那么有控制意识，并储存在演习前的"机动技能储存区"。一旦在"移动技术储存区"储存了一个机动能力，这种能力可称为"自动化能力"。总之，这种能力很少由意识控制，而意识是多功能化发展和自动化的关键。

三、运动适应与运动应激

（一）运动适应生理机制

适应是适合在环境条件下生长的生物体的特点，是生物活动的基本法则之一。适应是指在新陈代谢、细胞、组织或身体器官的作用和结构方面发生相应变化的过程，以避免环境变化造成的损害。

身体适应是运动员通过不间断和长期的训练、不断发展各种体能和创造优秀的体育表现来进行身体适应的过程。这是身体训练的重要生理基础，最重要的是，身体训练过程是一个生物转变过程。

适应工作的直接目标是提高或降低受科学培训刺激的各种系统、组织、器官和细胞的敏感度阈值，同时提高身体的补偿功能。身体适应的表现主要体现在三个方面：身体能力、技能和智力。换言之，经过长期的系统训练后，身体表现是：当身体受到密集训练和竞争时，身体通常表现出能量新陈代谢、肌肉萎缩、惰性和其他"节约"功能。形态和结构往往显示出一系列生物适应变化，如心肌高度提高或心孔扩大、细胞活性物质增加、骨骼密度增加，以及各种物理特性的总体改善。体育的适应表现在技能上，即为合理和标准化的技术运动、柔软的运动速度、实际技术应用、合理和准确的战术预测以及熟练的战术协调。

体育适应的心理影响包括情感敏感性和精确度、情感自我控制能力、高度的游戏集中能力、强大的意志力、对游戏过程的正确理解和良好的思维能力。当然，存在着许多具体的表现形式和物理能力、能力和智力的现象。

适应这项运动的原因是运动动力和恢复过程（训练负担）的影响。运动负荷是以体育运动作为刺激运动员身体的基本手段为基础的，即身体在身体训练期间可以发挥的生理功能和精神状态反应的数量或范围。训练的负担是训练活动给身体带来的身体和心理负担。因此，没有训练，就没有负载；反之亦然。一般来说，有一定负荷的练习就有一定强度，而有一定强度的练习就有一定数量。总的来说，负荷与耐力的比率是反向的，即强度大时量要小，反之也是这样。

（二）运动适应的主要特性

体育适应的主要特点集中在普遍性、特殊性、多样性和连续性方面：体育适应的普遍性意味着身体可以运动的形式、功能、质量、技术、战术、心理学和智力发生的适应现象。

刺激身体训练中的任何训练方法的负担，都可能导致各种器官系统和竞争能力的变化，而这是身体适应的总体影响。身体适应的具体性指的是可能导致特殊适应变化的不同类型的运动或运动负荷，如强度训练和强度训练引起的适应变化完全不同。不同类型的运动负荷导致身体消耗不同的能量，随后速度负荷和耐力负荷，以及肌肉能量的消耗不同。

体育技术和体育战术所引发的适应过程有其特殊性，不同的技术特点决定了体育适应的特殊性。由于运动适应的时间不同，不同的身体组织系统有不同的时间适应训练负荷的刺激。

身体适应的连续性使身体适应的生产和发展成为一个持续的过程，因此身体的全面适应必须以渐进和累积的方式进行。如果训练中断，对锻炼的适应可能会消失，甚至会影响对锻炼的总体适应。负担与适应之间的关系是通过一个持续的培训过程逐步进行的一种新的适应，这一过程有助于不断提高竞争力。因此，必须以辩证的方式增加身体的负担，以继续进行新的体育改革。

通过使用不同的训练方法以及不同的运动负荷特点，继续生产新的体育适应设备。采用这些方法的目的是改变身体的相对环境平衡，使身体能够提高功能水平，并在适应运动负荷的基础上恢复相对平衡。

适应新的相对平衡的结果是提高了体育能力，为竞争创造了最佳条件，并防止了体育伤害。调整适应这项工作的新的相对平衡与辩证操纵负荷及恢复之间密切相关。负荷和恢复的辩证是重新调整工作的一个重要条件。因此，我们必须深刻理解负荷和恢复之间的辩证关系。

（三）运动应激生理机制

当身体受到某种压力（身体或心理刺激）时，应激是一种系统而非科学的适应性反应。

柔软的压力有助于身体在不断变化的环境中保持自己的恒温，并提高身体应付不利环境的能力。然而，对精神和行为能力的过度压力则会发生机能、行为和心理不良反应，如压力、肌肉张力、加速脉搏、拍手、出汗、冰冷的手和脚、不适、紧张、头痛、胃痛、经常性脱臼、缺乏食欲、贫血和缺乏休息、很难调和睡眠或容易醒来；或心理问题，如焦虑、神经、恐惧、焦虑、抑郁、冲动、自残、自怜、不信任、怨恨等等。认识应激原理和不良的应激现象的目的就是掌握运动应激机制。

压力依其性质而定，可分为身体压力和心理压力。生理压力被接受并受生物因素的影响；心理压力受心理和社会因素的影响。还有许多其他神经内分泌变化是低压器官代谢变化和功能变化的基础，也可能导致对非特异性免疫的意外反应，如体温升高、血糖增加、补充剂增加、肾衰竭和边缘血液中糖量的增加。心理压力反应的主要特点是，适度的心理压力可以导致积极的心理反应，提高个人的警惕性，引起注意，提高判断和反应能力。相反，中压和过度压力（低压）的特点和现象完全不同。身体压力和心理压力一方面有其自身的特点，另一方面密切相关。

所谓的运动压力指的是训练前、训练后或训练期间的紧张状态。紧张的反应是社会、身体和心理因素综合造成的。

参加体育训练和重大比赛对身体压力的生理反应是在葡萄糖、乳糖、生长激素、抗时间激素、胰岛素、葡萄糖和男性荷尔蒙等方面发生的一系列变化，这些变化促进了血管对儿茶酚胺敏感度的提高，有利于葡萄糖、甲状腺素、钙质、肾上腺素、促红细胞生成素的分泌，促进或抑制葡萄糖、脂肪、蛋白质合成。由于精神压力的生理机制与骨髓交感系统和下丘脑—垂体—肾上腺皮质系统密切相关，社会和心理是影响每项活动压力强度和深度的主要因素。神经内分泌系统直接受社会压力或心理刺激的影响，影响对运动压力的反应程度。

（四）运动应激的基本特征

体育压力分为警觉性阶段、耐力阶段和疲惫阶段，这些阶段根据运动员在不同比赛阶段的表现进行分类。

警觉性阶段的压力表现为：强大的竞争力、强大的精神力量、敏感的技术感知、强烈的战斗欲望和神经系统的兴奋。

耐力阶段的应激表现是：持续保持比赛关注能力、各种竞技能力高度协调、比赛斗志坚韧不拔、取胜信念坚定不移、关键环节感知清晰等。

在疲惫阶段，压力表现为：无法逆转已知的缺陷、运动能力大幅度下降、身体和精神疲劳严重加剧、经常出现技术和战术错误。

影响每一阶段的因素可分为两类：第一类是客观因素，如地点、气候、交通、设备、设施、对手和裁判；第二类是训练水平、团队工作水平和队员受伤等主观因素，如疲劳、自我控制和竞争状态。

适当的运动压力可以有许多特点。物质新陈代谢系统表现为：糖的新陈代谢表现为葡萄糖分解和糖异生增强，产生压力性高糖和压力性糖尿病；脂肪新陈代谢表现为脂肪的脂溶性改善脂肪氧化。蛋白质是主要的能量来源，蛋白质表现为分解，这可能导致新陈代谢增加，造成氮负平衡。新陈代谢变化的总趋势是进一步分解、合成减少和新陈代谢率上升。内分泌系统的功能是：肾上腺素的适度增加可能导致精神集中程度的提高。

体育压力有两个特点：过度的压力可能导致焦虑、恐惧、怯懦和愤怒；不充分的压力可能导致抑郁症、厌食和自我毁灭。所有这一切都对体育训练或体育竞赛不利。多年的训练使身体适应体育活动，因此，形成适当的体育压力非常重要，这种压力要求运动员能够抵制不良的社会和心理因素。

为了产生适当的体育压力，通常采取四步办法：一是要求运动员避免情绪变化，积极放松他们的心态，保持高度的信任。这种被称为情绪控制的方法，即所有人的情绪控制，使运动员能够在复杂的环境中迅速和准确地认识、做出决定和做出反应。二是信息的过滤，运动员必须保持现有的信息，删除无用的信息，或关闭无用的信息渠道。让运动员们尽量消除他们的心理负担，不要让坏消息干涉自己。三是运动员必须了解自己和对手，仔细分析他们的长处和弱点，最大限度地发挥自己的长处，避免自身的弱点，并提出具体的反制措施。竞争前三阶段程序的目的是帮助运动员认清竞争目标，消除阻力，制定竞争性反制措施，以产生强大的运动压力，使他们能够获胜。四是行为反应按照前三步程序，核查合理的反制措施，并采取具体步骤改善或适当加强动力压力。

第二节 体育健身的心理学基础

一、体育运动的心理效应

（一）体育运动与情绪

所谓的情感主要是指人们对事物的态度，但也反映了人们的需要是否得到满足。在正常情况下，影响精神健康的最重要的指标是情绪状态。一些实验研究表明，体育活动，无论是长期的还是一次性的，都可以对人们的士气产生积极影响。

长期以来，人们观察到，身体康健可以产生良好的情感经历。调查发现，体育教育是"流畅体验"的主要来源。观察结果还表明，许多体育活动将有类似"跑步者高潮"的"运动快感"。当它出现时，它经常让运动员感到融入了形势，放松了身体，忘记了自己，充满活力,超越了时间的障碍。研究也证实了精神健康和体育活动之间的积极关系,就自我检查和评估而言,参加体育活动的人比不参加体育活动的人更活跃,妇女比男子的有关程度更高。在现实生活中,学生也可以通过参加体育运动来改善和调整他们的情绪状态。

(二)体育运动与意志品质

意志的品质在克服困难方面得到发展和体现,是个人的决心、自我控制、毅力、勇气、主动性和独立的表现。

"明确的目的"和"克服困难"是培养意志的极为必要的条件。体育活动符合这两个条件。人们必须不断克服客观困难,如条件变化、体育困难或意想不到的障碍,以及主观困难,如害羞和恐惧、疲劳或体育伤害,这需要足够的意志力。只有不断克服这些困难,才能逐渐形成健康习惯。对于青年人来说,体育锻炼是培养其意志和素质的重要和有效手段。与此同时,参加体育意味着有能力,这意味着有一定程度的锻炼或锻炼,这一过程总是伴随着明确的意愿、努力和强烈的情感体验。

(三)体育运动与兴趣

个人对体育的兴趣是参加体育运动的一个重要的主观因素,也是通过体育活动形成的个性意识的一个趋势。

对体育活动的兴趣不仅直接关系着对体育活动目的的理解。对于青少年来说,娱乐活动本身是一个直接的利益因素,兴趣是保持他们对体育运动热情的一个动力;老年人对体育活动的兴趣更多地取决于活动的目的。

国内外的心理研究表明,大学生、中学生和小学生往往更多地参与娱乐性、竞争性和冲突性的体育活动。利益发展因素也适用于成人和老年人的身体训练,利益发展是一个不可忽视的内在重要因素,发展良好的生活方式需要习惯才能维持下去。

为了在一生中进行体育锻炼,必须从童年起培养出各种习惯,良好的体育锻炼习惯可以使人们一生受益。

二、体育运动对人格的影响

(一)体育运动对人生观和价值观的影响

所谓的价值观是对自然社会和人们所看到和理解的社会现象的基本看法,是规范和控制个人行为的参照框架。

参加各种体育活动,运动员必须进行辩证思考,公正地观察、分析问题,遵守法律,运用其智力和能力,并根据其自身的力量找到解决问题的办法。体育在以下方面发挥着重要作用:引导对世界、生活的科学认识、激发对学习的兴趣、正确确定生活目标、改变不良的生活方式,以及追求不同的目标。

(二)体育运动对个性发展的影响

运动员必须学会在所有体育活动中尊重他人,但也要学会尊重自己,树立正确的道德观,发展良好的个人行为和道德。

在培养自尊心、个人成长和个人积极参与体育活动的过程中,应遵循促进青年身心发展的客观法律。充分利用他们的体育经验,珍视他们的积极参与,并发挥他们的潜力。培养个人素质,强调个人的民主合作,以促进个人的最佳发展。

(三)体育活动对意志力培养的影响

体育活动在教育人民方面发挥着作用,这是通过培养情感、意志、毅力和信念来实现的。

在体育活动中,通过正确、标准化和美观的技术练习,促进学习和活动的愿望,加强活动的决心,促进艰苦工作的意愿和质量,不惧怕困难,不惧怕失败。

(四)体育运动对凝聚力的培养与对正确行为习惯养成的影响

体育是一种健康和文明的活动,按照严格的规则进行,人们紧密地团结在一起,因为共同的价值观和群体意识的取向聚集在一起,如足球和篮球之类的活动。

有严格的体育规则和行为守则,必须遵守规则、纪律、区分善恶和尊重体育运动中的事实,支持好的和正确的,批评和拒绝坏的和错误的。

通过体育活动加强了对个人的组织教育。例如,在运动会上,人们必须按照商定的规则开展活动,使其能够养成有意识地尊重社会机构的习惯,从而培养优秀的个人品质。

三、体育运动对社会适应能力的影响

(一)体育活动有利于增进交流

在人们的日常生活中,体育交流是一种重要的交流手段,也是使人们参与社会的最简单和最有效的方式。在体育活动期间,人们不仅可以在身体和智力上锻炼,而且可以发展人际关系。

第一,通过参加体育运动,每个人都通过公平的体育竞赛而有所收获,并在体育运动中享有相对平等的地位。体育文化的本质是,在游戏和竞赛中,人们必须尊重自己和他人,在社会关系中诚实对待他人。在这种情况下,每个人都可以快乐和真诚地交流。

第二,体育是使人们感到乐观,鼓励他们奋斗、具有责任感和对进步与成功渴望的精神,这是一个充满活力的文化活动。人们通过参加体育活动,利用自己的努力感染他人,赢得他人的尊重,同时改变自己的精神状态。

第三,体育有严格的规则和竞争制度,这一特点是通过体育训练和竞赛活动来实现的。

（二）体育活动有助于人际关系的改善

第一，注意利用体育来提高人们的生活质量、交流技能和与他人的关系状况。

成功的个人事业和丰富的生活与建立和保持与他人的稳定的情感关系是不可分割的，影响人际关系的主要因素是沟通技能、理解和使用身体语言的能力、自我认识和认知的程度。体育对改善人际关系的主要因素有直接影响。

在体育方面，每项技术活动都是通过教师的解释、介绍和参与者的持续实践来进行的。因此，他们经常参加体育活动，总是以交流来纠正运动技巧，以交流来促进个人的实际发展。这种交流不仅是直观、及时和准确的，而且是积极、有针对性的。它将提高人们的交流技能，并使其建立良好的人际关系。

第二，现代社会中人与人之间的关系往往非常微妙，甚至是虚伪的。只有团队的每个成员能够理解自己的真实面目和其他人对自己言行的看法，并提高自己的社会技能。因此，体育有助于人们提高和加强自我意识和社会技能。

第三，体育锻炼有助于运动员更好地理解和使用身体语言。身体语言是人与人之间沟通的有效方式之一，也是人类参与社会进程所必需的技能。体育是改善人们身体语言表达的独特手段。即使是普通体育也能帮助参与者加强协调性和灵活性。因此，体育可以发展自己的身体语言，并在人与人之间的社会交流中发挥重要作用。

（三）体育运动有助于社会需要的个性的养成

体育的一个重要作用是帮助运动员发展其社会需要和个性，并胜任相应的社会角色。

人格是指个人在特定社会环境中通过实践练习和道教管理，根据其身体和精神素质逐渐形成的概念、态度、习惯和行为。它是一个人相对稳定的心理、生理和社会特征的总和，是一个人适应或被社会接受的关键因素。体育活动对人的个性形成有着重要的影响。

第一，体育活动促进了个性的形成。体育需要身体、智力、行为和情感的参与，需要更大的耐力和体能。因此，在所有运动中，人们越来越接近和超越他们的极限。正是由于这一过程，每个运动员都有很多机会发现自己最好的个性，在运动中发现自己的缺点，并决定如何发展自己的个性。

第二，体育限制了人的个性的形成。参加体育运动，特别是参加团体活动的每一位运动员都接受各种限制、奖励和不同程度的对团队活动的监督，从而鼓励每一位运动员适应团体的需要，这包括技术、技能和精神。在团队活动中，优秀的人将受到赞扬和激励，否则将受到谴责和忽视。

第三，体育有助于加强人们的情感体验。体育丰富着人们的情感，激励参与者以高度负责的态度、坚持不懈的追求感、体力、技术来实现与同龄人合作的目标。还有通过体育建立起来的道德规范规定了个人的行为。体育给人们带来复杂和多样的情感经历，并适应现代人的多种情感需要。

第四，体育也有助于发展积极的个性。在自我意识调整的背景下，体育活动在参与者个性发展中的作用是运动员需要积极、主动和有意识的锻炼。这必须基于日复一日、年复一年的反复努力和持续不断的做法，在艰苦的工作中提高人的机动技能和战术技能。这种坚强、坚韧不拔和执着的精神对于个性的形成和发展至关重要。

（四）体育活动有助于协作意识的形成

合作意味着协调与协作，伙伴关系是体育意识和体育竞赛的核心。必须通过参加各种活动、竞赛，不断发展伙伴关系意识，以便以微妙的方式，逐步促进和加强这种伙伴关系意识，并使之成为"生活"的一部分，然后将其纳入学习和工作，并逐步加以改进。

有些体育运动是集体性的，为培养运动员的集体精神和合作感提供了有利条件。运动员的训练和维持取决于其每个成员是否有强烈的合作感和集体精神。在伙伴关系日益密切的现代社会中，认识水平和伙伴关系能力是影响人成功的重要因素。集体运动是与同龄人合作实施的，仅仅依靠个人的技能和战术是不够的，必须尊重秩序和组织的重要性，只有通过团队所有成员的合作和协调努力，运用熟练的技巧和战略，才能使集体力量发挥作用，实现普遍利益和实现预期的竞争目标。

（五）体育活动有助于竞争意识与竞争手段的提高

在现代社会，竞争日益激烈。为了生存和发展，人们必须培养他们的竞争意识，并拥有一定的手段。体育只是一种活动，它可以发展个人满足社会需要的能力。

第一，在体育竞赛中，所有运动员都必须接受严格训练，以不断提高其体能、心理素质和战术意识，并利用一切机会获胜，没有人可以不付出就得到回报。因此，每一位运动员的胜利都来自强大的力量和艰苦的训练。同时，它向人们表明，努力工作是赢得比赛的唯一正确途径。

第二，任何体育竞赛，无论是游戏还是比赛，都是以严格的规则为基础的，而竞争制度只承认身体和心理上的不平等。在这方面，体育竞赛培养所有运动员具有一种公平的游戏感，并在生活中一次又一次地对竞赛做出反应。

第三，体育竞赛有助于提高个人承受挫折的能力。挫折感是指当一个人的行为受到阻碍或抵制时所产生的情绪，这使其动机和目标无法实现。

在体育运动中，从游戏到奥运会，残酷的体育竞赛旨在强身健体，改善精神状况和追求胜利。只有在多次失败之后才能取得最终成功，这是体育的固有法则。然而，成功和胜利只是相对和暂时的，而挫折和失败是经常发生的。因此，积极参加体育运动可以提高人们处理失败和挫折的能力。

（六）体育活动有助于增强人们胜任社会角色的能力

社会结构必须由拥有各种具体权利、义务和行为守则的个人组成，每个人都有自己的责任。每一种社会角色都代表着相关的期望和行为标准。就体育而言，它可以为人们提供更好的环境和条件，使他们了解自己的社会作用，并有机会展示自己的社会作用。

不同的个人在社会关系中处于不同的地位，形成了自己的作用。每个人都有权赢，有权因赢而得到奖励，有权按照规则行事，有权遵守体育、道德和技术标准。

实现群体目标的一个先决条件是群体接受每一成员的能力，并测试和监测每一角色的能力提高情况。使每个成员都信任该小组的伙伴关系，并确定每个成员的立场。通过对体育角色的研究，专业人员可以理解，社会角色是一套符合个人某种社会地位和身份的权利和义务行为规范和模式。它还可以使专业人员认识到，通过个人的努力，他们可以成功地履行各种社会职能。因此，个人的主观努力是改变社会地位的重要途径。

总之，一个人持续的社会化过程是一个社会适应过程。从生物角度看，作为一个具有社会属性的人，人类在与他人的交往和互动中逐渐发展了对自己的了解。必须适应社会变化，不断协调人与人之间的关系；必须学会妥协和适应，在各种冲突面前进行合作和竞争；必须学会忍受各种挫折，学习和体验社会角色；必须学会各种规则。这一持续的学习和调整过程是个人适应社会和不断提高社会适应能力的过程。

游戏和协调、胜利和失败、获胜的愿望和规则的限制、强烈的情感经历和体育活动中复杂的互动关系本身是独特和相互矛盾的，使体育活动能够促进个人的社会化，并改善个人的社会化。

第三节 体育健身的营养学基础

身体不断吞食外部世界的食物，消化、吸收和代谢，以满足生理功能和身体活动的需要。研究人体和其他生物营养问题的科学被称为营养学。

体育训练中的营养学旨在最大限度地发挥运动员的体育潜力，并利用其他训练方法来提高运动员的能量控制水平和效率利用的方案。

一、体育运动与糖

（一）糖类的生理功能

1. 供给热能

这是碳水化合物在身体中最重要的生理功能。糖是生命活动的主要能源，身体内，主要以葡萄糖的形式吸收，并为身体提供能量。即使在缺氧的情况下。脑组织和红血球也依赖血液中的葡萄糖来获得能量，因此，糖对于保持心脏和神经系统的正常功能重要。

2. 构成机体成分和参与细胞的多种活动

糖蛋白、糖脂和由糖组成的核酸有助于形成细胞核心、细胞膜、阻塞物质和结节组织、神经细胞等。一些糖仍然是具有重要生理功能的物质，如抗体和血液类型之类的物质和激素。

3. 三羧酸循环

三羧酸循环是通过完全氧化糖、脂肪和蛋白质释放能量的一种常见方式。如果缺少糖，脂肪不会在三羧酸循环中完全氧化，在某些浓度中形成丙酮，引起酸中毒。身体葡萄糖的正常新陈代谢将减少酮体的产量。

4. 保肝解毒作用

当肝脏有足够的葡萄糖供应时，肝脏对某些有毒化学物具有强大的解毒能力，增加了对各种细菌的抗药性，适当的糖消费可以使肝脏的葡萄糖丰富。在某种程度上，它保护肝脏不受有害因素的影响，并保持其正常的解毒功能。

当用糖与蛋白质在一起时，体内储存的氮数量要比单独服用蛋白质时多。主要原因是糖的氧化增加了ATP的形成，从而促进了氨基酸的活化和蛋白质的合成。当卡路里不足时，增加糖供应可以减少血液中的氨基酸数量，并向其他组织提供尿素氮，减少氮排放和重新使用保留的氮。这种节省糖的蛋白质效应被称为糖对蛋白质的保护效应。

（二）体育运动中糖的补充

糖是多羟基醛的碳水化合物及多羟基醛的衍生物。糖分为三类：单糖、双糖、多糖。单糖是身体容易吸收的糖；消化酶将分解成一种单糖。糖来自谷物、干豆、根茎和坚果，如大米、小米、面粉、大豆、土豆、西红柿、栗子等。

身体中有三种主要的糖：肌肉葡萄糖、肝脏葡萄糖和血液中的糖。它储存在人体内约400克、100克和5克。身体中储存的糖总量约为500克。受过高等训练的运动员可以储存多达600～800克的肌肉葡萄糖。葡萄糖储存在肌肉中的时间越长，运动员从锻炼到疲劳的时间越长，冲刺的容量就越大，运动水平越高。

由于身体在抵抗运动和长期竞争中消耗大量的肌肉葡萄糖和肝脏葡萄糖，因此在运动前后用适当的糖进行补充是有益的，这可以避免运动导致的血糖过低，并保持高水平的葡萄糖在血液中最终可以推迟疲劳的感觉，保持良好的耐力和最后的冲刺能力。

1. 糖类补充数量

当身体锻炼时，胃吸收葡萄糖的能力有限，每小时约50克。如果补充量过大，大量葡萄糖仍留在胃里，这会影响水的吸收，并影响胃的清空，容易引发胃疼，将对运动产生恶劣的影响。

2. 补糖的时间

糖摄入后 15 ~ 30 分钟，血液中的糖含量最高。为了避免在糖消费后出现胰岛素反应，建议在比赛前 30 ~ 90 分钟禁止用糖，以免造成血糖下降。在比赛前 2 小时吃糖，在运动开始前就能完成肝脏葡萄糖的合成，然后分解并释放到血液里增加血液中的糖含量，有助于提高运动员的运动能力。

二、体育运动与脂类

（一）脂类的生理功能

1. 组成人体组织细胞

脂肪包括中性脂肪和类似的脂肪。中性脂肪是一种由甘油和三种脂肪酸组成的酯。在环境温度下，脂肪区分固体和液体脂肪，动物脂肪是固体，植物脂肪是液体。胆固醇脂肪是身体脂肪的另一种化合物。胆固醇可导致心血管和脑血管疾病，并危及人类健康，但也具有重要的生理功能。脂肪是人体组织细胞的重要组成部分，特别是磷脂和类固醇等。

2. 是一种富含热能的营养

总饮食中有 17% ~ 30% 的能量来自脂肪。由于脂肪富含能量，它是一种体积相对集中的食物，减少了食物的数量，减轻了胃部的负担。脂肪在胃中间停留的时间更长，因此富含脂肪的食物有更强的饱腹感。

3. 提供必需的脂肪酸

脂肪酸是细胞的一个组成部分，对保持细胞膜和线粒体结构极为重要，在胆固醇代谢和运输以及毛细管壁完整性方面发挥着重要作用；它还具有生理影响，如促进发育、保护皮肤和降低胆固醇。身体中缺乏基本脂肪会导致皮肤疾病、异常生育、代谢紊乱甚至死亡。

（二）运动与脂肪代谢

运动改善了身体脂肪的新陈代谢，减少了血液中的脂肪数量，减少了身体脂肪，降低了体重。锻炼还可以增加血液中高密度脂蛋白的数量，从而加快血液胆固醇的运输和排出，从而在预防动脉硬化方面发挥重要作用。长时间的锻炼可以减少血浆中的甘油三酯和胆固醇。

在锻炼期间，身体消耗更多的能量，骨骼和心脏肌肉吸收更多的自由脂肪酸，因此进入肝脏的脂肪酸减少，甘油三酯在身体中的合成减少。在遵循脂肪丰富的饮食后，运动员在连续活动 90 分钟后会感到疲倦，但在吃了糖丰富的食物后，他们可以继续运动 240 分钟，这大约是吃了脂肪丰富的饮食后的 3 倍。在正常的饮食情况下，连续运动 120 分钟之后，你才会觉得累。

（三）体育运动中的脂肪补充

对于高能量消耗、高体温消散和长期运动，脂肪的比例必须适当增加。在运动员的饮食中，脂肪摄入量通常应为总能量的30%，脂肪摄入应使用更多的植物和磷酸盐脂肪，动物脂肪不应超过总能量的10%。

三、体育运动与蛋白质

（一）蛋白质的生理功能

1. 运输功能

许多有机物质的运输需要运输商，其中大多数是蛋白质。

2. 催化功能

几乎所有的有机反应都是在酶催化的作用下发生的，迄今发现的1000多种酶都是蛋白质。由于存在酶，在一般化学条件下难以产生的许多反应很容易发生在活生物体中。酶合成由引发各种反应的基因控制，因此基因通过酶的催化作用控制着生物体的新陈代谢类型。

3. 防御和保护功能

有机体中有一种蛋白质可以防止异物入侵，它可以识别异物并与之结合使这些异物停止活动，这可以防止各种疾病的发生。

4. 激素功能

蛋白质类激素是动物体内的重要激素，在调节和控制动物的生理活动方面发挥着作用。它促进葡萄糖的分解，增加血糖的浓度。

5. 传递信息功能

许多蛋白质的作用是接收和传递信息，接收特定的荷尔蒙，并向某一方向传递信息，以控制酶的活动或细胞内酶的数量，从而控制生理活动。接受外部刺激的受体也是蛋白质。这些蛋白质可以称为感官蛋白质，在受到刺激后，它们可以将神经冲动传递到中枢神经系统以做出反应。

（二）体育运动中蛋白质的补充

蛋白质在食物中的主要作用是建立自己的身体组织。它们的需要因年龄、性别、体育类型、活动数量和身体状况而不同。在强化训练期间，蛋白质消耗增加，因此需要提供更多的蛋白质。一些研究表明：长期中等强度训练每天每千克体重需要2.5~3克蛋白质；运动员在速度和强度活动中每天每千克体重需要2.4~2.5克蛋白质。

在提供食物时，不仅要注意蛋白质的数量，而且要注意蛋白质的质量。必须提供更多的高质量蛋白质。大豆是理想的优质蛋白质食品。它富含氨基酸，是高质量蛋白质的主要来源。

四、体育运动与其他营养素

（一）水

水是人类维持其基本生活活动所必需物质。人类身体中的水不能低于或大于其重量的60%～70%，并且水是人体的一个重要组成部分。它可以在运输、润滑、控制身体基本酸平衡和控制体温方面发挥作用。维持充足的日常供水是产生能量、热解和营养新陈代谢的一个基本先决条件。特别是在炎热季节和艰苦的锻炼期间，必须更加注意补充水分。

补充水的数量必须至少与身体的日常水消耗保持平衡。人的身体每天消耗大约2500毫升的水。正常人每天至少需要1500毫升的水，大约8杯。喝和吃是补充水的主要方法。

（二）维生素

维生素（又称维他命）是维持人类生命活动所必需的有机物，也是维持人类健康的重要活性物质。

维生素是调节人体化学反应的有机物质。它们对维持正常生活至关重要。它们不是人类的直接能源，也不参与人体结构的形成。大多数维生素不是在体内合成的，或者合成的数量不能满足身体的需要，必须从饮食中提取。

1. 维生素A

动物肝脏、鱼肝油、黄油、鸟蛋等是维生素A的主要来源。

原封不动的上皮组织结构是以维生素A为基础的。粗糙的皮肤、毛囊角化；干燥的眼睛容易受到细菌、溃疡甚至穿孔的侵袭，造成失明；适应黑暗的能力有限、黑暗中的幻象模糊不清、往往会失明、易患夜盲症，以上症状都是由维生素A缺乏引起的。

2. 维生素B_1

由于维生素B_1有一种辅酶，它可能会参与人体中一些重要的生物化学反应。维生素B缺乏症往往导致精神不振、下肢虚弱、体重不足、食欲丧失和其他症状。维生素B_1主要在动物的内部器官（心脏、肝脏和肾脏）、马铃薯、豆类、二级谷物和其他食物中出现。

3. 维生素B_2

维生素B_2是人体化学反应的一个重要组成部分，参与了色氨酸转化为烟酸的过程，并参与了抗氧化剂防御系统。口腔侵蚀、血肿和囊肿病（如妊娠前）等口腔症状，红血病和皮肤癌是维生素B_2缺乏的具体表现。根据调查，城市和农村居民中维生素B_2的平均摄入量为每天 0.8 毫克。维生素 B_2 主要来自于动物肝脏、肾脏、心脏、瘦肉、蛋黄、牛奶、绿叶蔬菜和豆子。

4. 维生素 C

维生素 C 有助于血液中黏合剂的合成，保持血管的正常功能，具有抗氧化剂和抗癌作用，并提高身体的免疫功能。维生素 C 缺乏容易引起发炎、牙龈出血、皮下出血、口腔不适，在严重情况下，可能发生在皮肤、肌肉和关节下大量压缩和出血的区域。如果得不到及时治疗，可能会因为坏血病造成死亡。维生素 C 主要来自于新鲜水果和蔬菜，如花椰菜、苦瓜、青菜和水果中的枣、柑橘、猕猴桃等。

（三）无机盐

无机盐，又称矿物质，是人体组织的一个重要组成部分，是酶或酶活动的一个组成部分，并参与物质的新陈代谢。在分子内和外液及蛋白质中，它们控制细胞膜的渗透性，控制水，保持正常的酸平衡，保持神经肌肉刺激。

在人体组织中，非主要元素，以有机化合物的形式出现，统称为无机盐。无机盐分为两大类。一种是钠、钾、钙、磷、镁、硫和其他物质，它们在调节液体交换率、调节体内营养物的新陈代谢和维持身体的环境平衡方面发挥着关键作用。另一种是保持牙齿健康、骨骼形成、甲状腺正常化、血液细胞生产和身体组织的再生，对人体健康起着非常重要的作用，身体需要少一些的无机盐，如氟、碘、铁和锌。钙、铁、锌、硒和碘是人体不可缺少的无机盐。

钙主要来自于虾壳、鸡蛋、鸭蛋、绿叶蔬菜、牛奶和奶制品等食物。人体中有 3～5 克铁，所需数量为 15 毫克/天。身体中的钙总量约为 1200 克，每天需要 1000 毫克，钙的利用率较低，不易被人体吸收。

在夏季的几个月和艰苦的锻炼期间，我们必须注意补铁，多吃动物性食物。因为人体很容易吸收动物性食物，这是补铁的主要方法。缺铁性贫血，表现为易怒、食欲丧失、面色苍白、易疲劳、头晕和免疫功能下降等。铁主要来自于动物的肝脏、肉和鱼等。黑木耳、藻类和某些蔬菜，如卷心菜和韭菜，也含有很多的铁。

人体中的锌含量为 1.4～2.3 克，男性的日需求量为 8～15 毫克，女性为 6～12 毫克。锌缺乏往往表现为发育紊乱、食欲丧失和伤口愈合不良。蛋白质丰富的食物（鱼、肉、蛋等）通常含有高浓度的锌。此外，一些海鲜（海鲜、生牡蛎等）也是锌的重要来源。

硒具有抗氧化作用，保护细胞膜，是保持身体正常生理活动的重要微量元素。数据表明，硒可以防止癌症和老龄化。有些人认为，硒的日摄入量为 50～200 微克。硒主要来自动物肝脏、肾脏、海鲜和动物肉、银杏、菜籽、蘑菇、果冻、杏仁、浆果、西瓜种子和南瓜种子。

身体中的碘标准含量为 20～50 毫克。男子每天需要 130～160 毫克，女子每天需要

110~120毫克。甲状腺肿是体内的碘含量很高或很低造成的。青少年由于身体发育的突变，对碘的需求增加。碘主要来自于海藻、海洋鱼类、海虾、螃蟹和其他食物。

（四）膳食纤维

不能由人类消化酶降解的食物中的某些物质被称为膳食纤维。膳食纤维通常可以预防心血管和脑血管疾病、延缓葡萄糖的吸收、预防和刺激糖尿病，减少胆固醇和甘油三酯，还可以促进毒素的排泄和防止肠癌。它们不能被生物吸收或使用，但它们是维持健康所不可或缺的物质。它们主要来自于谷物、蔬菜、果皮等。

在营养方面，纤维素、半纤维素、果胶、木质素和琼脂统称为"膳食纤维"。食物纤维可分为两类：不溶解纤维和水溶性纤维。水中不溶解的饮食纤维（食物营养素表中称为生纤维）包括纤维素、半纤维素和木质素。水溶性膳食纤维包括：植物胶、果胶。

第三章

全民健身与社会体育管理

第一节 全民健身概述

全民健身的理念在我国已经持续20多年。多年来，国家对全民健身的支持始终有增无减，无论是在理念传播还是健身活动的组织方面都做出了很大努力，而大众也逐年提升健身理念，转变健身方式。

一、全民健身的概念

《中华人民共和国体育法》于1995年通过，同年国务院颁布《全民健身计划纲要》。在这两大国家体育纲领性文件颁布之后，随后还有一系列的体育法规和规章细则相继出台。据统计，我国的体育人口占可统计的7~70岁总人口的33.9%，在城市中有60.7%的居民到各类体育俱乐部参加健身活动。旨在全面提高国民体质和健康水平的"全民健身计划"中的重点任务是提升儿童和青少年的身心健康水平，建立健全其人格品行。

总的来说，全民健身所面向的受众为全体国民，全体国民意味着这个群体包括男女、老少、各个阶层，使他们都能从中受益，如增强力量和柔韧性、增加耐力、提高协调控制身体各部分的能力等。全民健身的宗旨为提高国民体质和健康水平，并且要重点关注少年儿童的健康培养。倡导国民成为真正的体育人口，实现每周参加3次以上的体育活动，每次运动不低于30分钟，学会两种以上的健身方法，每年进行1次体质测定。

根据统计截至2003年，国家体育总局已经斥资人民币10亿元用于落实《全民健身计划纲要》中的各项措施。除此之外，体育彩票公益金对全民健身领域的支持也在2001年开始启动，其中最典型的工程就是在31个大中城市试点建设"中国体育彩票全民健身活动中心"，这些活动中心自落成之后受到运动爱好者的广泛欢迎，成为民众健身的好去处。

对于我国西部地区的全民健身运动也没有忽视，据统计共有 1.96 亿元体育彩票公益金被投入西部地区，利用这笔资金建设的公共体育设施使当地 101 个县市的居民的健身活动受益。

国务院于 2008 年做出决定，决定于 2009 年起，将每年 8 月 8 日定为"全民健身日"。此后，在每年的"全民健身日"中都有各种规模的体育活动举办，如"体育节""健身走跑竞赛""登山活动"等。"全民健身日"的活动意义在于，在经历了 2008 年中国体育的辉煌之年后，体育在我国社会领域中的地位达到顶点，北京奥运会带来的全民体育的效应仍在持续，而体育在社会中也应该回归其本身的用途。在"后奥运时代"的背景下，大众体育获得了越来越高的重视。"全民健身日"的创立就是对全民健身事业的最好支持。

二、全民健身产生的背景

（一）促进我国全民健身运动蓬勃发展的迫切性

1. 我国人口老龄化问题

国际惯例通常把一个国家 60 岁以上的老龄人口总数达到全国人口总数的 10% 以上（含 10%），或 65 岁以上的老龄人口总数达到全国人口总数的 7% 以上（含 7%）认为是老龄化社会。我国由于人口政策，20 世纪五六十年代出生的人口爆棚，目前我国早已进入老龄化社会。

老龄化社会的到来会带来新的社会问题。首先，人们普遍考虑的就是衰老后的健康保持问题。通过访谈可知，我国 60 岁以上的老人，其生活中有 75% 的人患有慢性疾病，而且从心理层面上讲，他们还面对孤独与抑郁，为此，参与全民健身活动就成为现代老年人群体排解寂寞、丰富生活的重要活动。通过参加全民健身活动可以延缓衰老，增进人与人之间的沟通，获得展示自己兴趣爱好的平台。

2. 我国国民体质大幅度下降

我国自实行改革开放以来，社会各领域，特别是经济领域取得了卓越的成就，人们生活质量稳步提升，精神文明水平再上新高，社会一片欣欣向荣。然而，社会物质生活水平的提升也带来了一定的负面影响，如人们的体力活动逐渐减少，一些不健康的生活习惯逐渐养成。这些都使得国民体质开始出现下滑，特别是青少年人群的体质下滑更受关注。

3. 社会闲暇时间不断增多

1995 年，我国开始实行每周 5 天工作制，同时每周总工作时间也减少了 8 小时。除企事业单位外，学校也遵循这一制度，推行了 5 天授课制。此外，20 世纪 90 年代末，在五一节、国庆节、春节等重大节日期间实行与双休日联假的办法，延长了节日的度假时间，形成了假期较为集中的"假日黄金周"。这一制度的改变大大增加了人们的社会闲暇时间，而社会闲暇时间作为全民健身基本条件之一，其增加也为人们更好地参与全民健身活动带来了更多机会。

社会闲暇时间的增多必然带来了更多的闲暇人口。闲暇人口，是指除正常工作、学习年龄以外的人口。这类人口主要包括以下几类：

（1）各级行政机关、事业单位压缩减员和一些中小企业的离职员工。

（2）政府机关和企事业单位的退休人口。我国现在实行的是60岁退休制度，2000年我国60岁以上的闲暇人口突破了1亿，2010年达到1.6亿；预计2040年将高达3.5亿。

（3）非正常社会闲暇人口，主要指农村、城市的"食息"闲暇人口。这些主要依靠出租土地获得生存经费的农民。"食息"农民阶层更需要健康的指导。

（二）我国全民健身运动的发展状况及存在的问题

1. 青少年健身观念缺失，中老年人健身活动引导不足

统计数据表明，我国各级学校从低年级到高年级的学生参加锻炼的比例呈现出逐渐下降的趋势。以初中阶段为例，调查中表示经常参加体育锻炼的学生从初一到初三所占比重依次为67%、58%、39%，有8%的学生从不参加体育锻炼；高中阶段情况更不乐观，从高一到高三经常参加体育锻炼的学生所占比例分别为65%、52%和23%，有10%的学生从不参加体育锻炼；大学阶段有所好转，大一、大二有67%的学生经常参加体育锻炼，5%的学生从不参加体育锻炼，大三、大四有45%的学生经常参加体育锻炼，有近24%的学生很少或不参加体育锻炼。对学生参与健身的动机的调查中，大多数学生表示参与健身的目的是应付考试，另外一些则是本着自身兴趣来打发空闲时间。

目前，中老年人已经成为我国全民健身运动的主力军，并且参与健身运动也被中老年群体看作一项非常时尚的行为，能够参加健身活动也被中老年认为是体质水平尚佳的体现。不过，中老年人健身活动中还有一些问题尚未解决。这些问题主要为参加健身运动缺乏系统性和科学的指导。尽管他们非常热衷于参加健身活动，但由于在选择项目上和参与运动的负荷量不科学等，导致他们并不能将健身的效益发挥到极致，并且由于没有科学的指导，还可能导致练习方法不正确，长此练习反而造成了一些如过度疲劳和肌肉劳损的症状，打击了中老年人参与健身活动的积极性，甚至怀疑运动健身的功能。而且参与者表现的随意性比较强，受心情、气候、闲暇时间的影响较大，缺乏持续性和系统性，使健身活动难以取得好的效果。

2. 我国体育社会化程度还很低

尽管我国民众在近些年来对体育健身和终身体育理念有了较多的认识，并且越来越多的人乐于为体育健身消费。但从总体上来看，我国居民的体育价值观与发达国家的居民相比还相差较大，大多数人只是把运动健身看作一种强身健体的活动，而并没有对体育运动与精神作用联系起来，体育社会化还没有完全形成。究其原因，首先与我国的教育水准偏低有关，但问题绝不仅仅如此，它还关系着社会发展水平以及社会生产力等。其次是休闲、

健身活动项目策划水平较低，没有进行项目的宣传，使休闲健身活动项目的吸引力和生存能力不强，而且休闲、健身活动资源开发不足。上述原因都会导致我国体育社会化程度偏低的事实。

3. 体育资源匮乏仍是制约全民健身的主要因素

目前，人们参与体育活动的主要场所并不是正规的体育场馆，而是某片空旷的场地、公共道路、公园等，还有是单位拥有的体育设施和公共活动场所。虽然我国体育场地的数量从中华人民共和国成立至今已有了爆棚式的增加，但通过仔细观察体育场地增长的绝对数量和分布区域来看，仍旧难以满足大众所需。就分布来看，67.17%的场地分布在学校，其他分属于各个企事业单位，体育场地的所有部门普遍对场地对外开放做出了较多限定，而供普通居民消费的大众体育设施也十分有限，即使是现有的体育场地其利用率也不足30%。另外，国有性质的场馆比例过大（占75.6%），在经营上缺乏灵活性，导致效率低下。

4. 体育市场发展水平较低

体育市场中各个部分运转的取决因素在于体育市场内外要素的成熟程度。我国体育市场从建立到发展历经20余年，具有起步晚、视野窄、水平低的不足。在大众的体育需求方面，由于剩余可支配资金不足，导致家庭的各种体育经费占比极低，体育需求尚未成为家庭需求的重要构成，由此决定了体育市场还没有成为买方市场。在体育供给方面，作为体育市场主体的体育经济实体和经营组织还没有完全与政府脱钩，难以对市场信号做出准确、灵敏的反应，另外，体育中介组织的不健全以及体育管理法制的不完善等也是制约体育市场发展的因素。

（三）全民健身所面对的主要形势

1. 中华人民共和国成立70多年来，中国体育事业取得了很大成就。群众性体育活动蓬勃开展，参加体育活动的人数不断增加，人民体质与健康状况有了很大改善，全民健身工作日益受到社会的重视和支持，群众性体育活动的内容和形式更加丰富多彩，群众体育健身的物质条件逐步得到提高。体育在提高人民整体素质，促进社会主义精神文明和物质文明建设方面发挥着越来越显著的作用。

2. 为进一步增强人民体质，适应中国特色社会主义现代化建设的需要，必须采取切实有效的措施，推行全民健身计划，发展群众体育。

3. 当前，中国经济建设和社会发展对人民的整体素质提出了新的更高的要求。但是，全民健身工作的现状还不能适应社会主义现代化建设的需要，群众的体育健身意识还不够强，群众性体育活动的开展还不够广泛，经常参加体育锻炼的人数还不够多，现有体育场地设施在向社会开放、满足群众开展体育锻炼的需要方面还有较大差距，全民健身工作的科学技术和监测管理还比较落后，有关的法规制度还不够完善，适应社会主义市场经济体制的全民健身管理体制和运行机制还在探索之中。这些问题，应随着经济和社会事业的发展逐步加以解决。

4. 全民健身计划以全国人民为实施对象，以青少年和儿童为重点。青少年和儿童的健康成长关系到国家的富强和民族的昌盛，要发动全社会关心他们的体质和健康。各级各类学校要全面贯彻党的教育方针，努力做好学校体育工作；要对学生进行终身体育的教育，培养学生体育锻炼的意识、技能与习惯；继续搞好升学考试体育的试点，不断总结完善，逐步推开。盲校、聋校要重视开展学生的体育活动，要积极创造条件，切实解决学校体育师资、经费、场地设施等问题。

5. 机关和企、事业单位要加强职工体育工作，因人、因时、因地制宜，开展形式多样、健康文明的职工体育健身活动。

6. 积极发展社区体育。街道办事处要加强对体育工作的组织，发挥居民委员会和基层体育组织的作用，做好社区体育工作。体育行政部门要给予支持和指导。

7. 积极发展少数民族体育，在民族地区广泛开展以少数民族传统体育项目为主的体育健身活动。建立健全各级少数民族体育协会，培养少数民族体育人才。

8. 重视妇女和老年人的体质与健康问题，积极支持他们参加体育健身活动。注意做好劳动强度较大、余暇时间较少的女职工的体育工作。加强对老年人体育健身活动的科学指导。

9. 广泛开展残疾人体育健身活动，提高残疾人的身体素质和平等参与社会活动的能力。丰富残疾人体育健身方法，培养体育骨干，提高残疾人体育运动水平。

10. 积极为知识分子创造体育健身条件，倡导和推广适合其工作特点的体育健身方法，重视对中高级知识分子进行健康检查和体质测定工作。

11. 把推行全民健身计划纳入国民经济和社会发展的总体规划，坚持群众体育与竞技体育协调发展的方针，以普遍增强人民体质为重点，加强领导、统筹规划，切实抓出成效。

12. 充分发挥各群众组织和社会团体在开展群众性体育活动中的重要作用，建立健全行业、系统体育协会和其他群众体育组织，逐步形成社会化的全民健身组织网络。

13. 制定技术等级制度，加强社会体育骨干队伍建设。

14. 推广简便易行和适合不同年龄、性别、职业特点与体质状况的体育健身方法。挖掘和整理中国传统体育医疗、保健、康复等方面的宝贵遗产，发展民族、民间传统体育。

15. 加强人民体质与健康的科学研究和技术开发。要发挥体育科技队伍的作用，体育科研单位和体育院校要以群众体育和全民健身的科学研究为重点，要增加对群众体育科学研究的投入，加快科技成果向群众体育健身实践的转化。

16. 体育场地设施建设要纳入城乡建设规划，落实国家关于城市公共体育设施用地定额和学校体育场地设施的规定。任何单位和个人不得侵占体育场地设施，各种国有体育场地设施都要向社会开放，加强管理，提高使用效率，并且为老年人、儿童和残疾人参加体育健身活动提供便利条件。

（四）国家对全民健身的重视

全民健身在我国已经不再是单纯的体育运动，时至今日，它已经上升到国家战略的层次。国务院印发的《关于加快发展体育产业促进体育消费的若干意见》（以下简称《意见》）提出，营造重视体育、支持体育、参与体育的社会氛围，将全民健身上升为国家战略。

《意见》中明确指出，到2025年，要求人均体育场地面积达到2平方米，群众体育健身和消费的意识逐步增强，人均体育消费支出明显提高，体育人口数量达到5亿，体育公共服务基本覆盖全民。

《意见》中对全民健身的基本保障——体育设施也做出了明确规定。《意见》指出，各级政府要在统筹规划体育设施建设的同时兼顾到城镇化发展所带来的重大变革。为此需要在这一条件基础上合理布点布局，着重建造一批更有利于人民参与和使用的中小型体育场馆、公众健身活动中心、全民健身路径等设施。高效利用现有资源，最大化地激发资源的使用效率，如充分利用旧厂房、老旧商业设施改建为体育健身场所。在城市社区建设15分钟健身圈，在新建社区中要求设置有体育活动设施。关注农民体育，实现乡村均拥有一定的体育健身设施。

《意见》在发展健身休闲项目方面提出，应大力支持发展健身走跑、户外骑行、航空、定向运动、水上运动、登山攀岩、户外探险等趣味、刺激的项目。鼓励处于不同地域特点的地方因地制宜地利用、开发自然、人文等资源用于体育产业的发展，特别是要注重扶持少数民族地区的传统体育项目发展。

《意见》中还提倡支持民众的日常健身活动，如鼓励企事业单位、工厂、学校等实行课间、工间健身制度。在学校中，保障中小学体育课课时充足，确保学生校内每天体育活动时间不少于1小时。此外，要求公共体育设施应免费或收取较低费用向公众开放，特别是学校要将体育场馆在不影响正常教学的情况下向公众开放，将开放情况定期向社会公开，以便群众监督。

三、全民健身的特征

（一）健身性

全民健身的主要目的并不完全是竞技和争胜，它更多的是突出了健身运动项目的娱乐性和健身性特征。人们参与全民健身活动不仅可以使心肺功能得到改善，还能提升新陈代谢水平，全面增强体质，有效抵御各种常见疾病。在对心理方面的保健来说，还能消除焦虑、镇恐压惊、缓和紧张情绪，使人精神旺盛、心情舒畅。

（二）娱乐性

全民健身本身就包含有大量的娱乐和游戏色彩，这也是全民健身能够吸引人们热情参与的重要原因之一。这样，人们在闲暇之中就乐于参与这类活动，以谋求身心的双重良好体验，而并非更多追求比赛带给他们的紧张感和压迫感，至少对大多数参与全民健身的人来说不是。

（三）自主性

全民健身是在人们工作、学习乃至家务之余才得以参加的体育活动，它对于参与运动的人群来说，不是必需的，更不是强制的，没有固定的时间、地点和周期。人们是否选择参加全民健身活动全凭自主意愿，在选择参加的内容时也完全凭借自身的兴趣、能力。由此可见，全民健身具有显著的参与者自主性的特点。

（四）简单实用性

全民健身作为大众性体育运动，对其开展就必须要求其组织简单、场地易寻、器材便宜，且不易受外界多种因素的影响。这就是全民健身的简单实用性，也可以被理解为是可操作性。目前在全民健身活动当中，如健美操、有氧跑、气功、武术等都具有简单实用的特点。

四、全民健身的作用

"全民健身计划"的提出和实施，对提高劳动者的全面素质，建立科学文明、健康的生活方式，促进竞技体育与群众体育的协调发展，推动社会主义的物质文明和精神文明建设等都将产生积极的作用。同时，它还为我国未来的体育事业发展指明了道路，对指导我国群众体育实践、促进体育理论建设、全面提高中华民族乃至全人类的健康水平和整体素质都带来了巨大的作用。具体来看，全民健身的作用主要包括以下几点。

（一）有利于社会主义精神文明建设

社会主义精神文明建设是我国的重要工程之一，其开展形式众多，体育活动就是其中重要的组成部分。之所以如此，在于体育活动有严格的秩序规则和文明礼貌要求，一直被作为重要的社会教育手段。因此对于各级精神文明建设工作来说，体育活动的组织与开展都是不可缺少的指标。现代生活方式中的休闲体育活动，因其积极向上、健康活泼、修身养性的性质特征，对提高市民修养水平也有积极的作用。

（二）有利于维系社会活力

只有充满活力的社会才更容易接受新的事物而获得更好的发展。目前，从总体上看，我国已经进入小康阶段，但一系列社会问题仍旧没有消除，有些甚至还会给人们的生活带来诸多隐患，如超负荷工作、应试教育、养老与育子问题等。因此，在新形势下，对曾经流行过的"身体是革命的本钱"有必要赋予新的内涵，因为健康的身体不仅关系个人发展、家庭幸福，更是构建和谐社会的基础。全民健身活动的目的之一就包括通过运动激发人的活力，舒缓紧张心情，使人们回归更加规律和从容的生活，进而带动整个社会也充满活力，获得可持续的发展。

（三）有利于维护社会安定

当不同社会阶层的人劳有所得，并且在闲暇之余还能享受休闲活动时，那么这个社会的发展一定是良性的，充实的余暇活动也是人们排解压力、释放情绪的良好渠道，否则负面情绪的积压会导致人易出现极端行为，危害社会安定。人们通过参与全民健身活动，可以使身体的各个器官得到充分供血及适宜刺激，产生舒适感，加上体育具有的轻松愉快氛围，人们的精神紧张和心理压力会得到较大程度的释放，因此健身运动被称作调节身心健康的"安全阀"。

（四）有利于改善社会人际关系

现代社会中人们的竞争和压力都相较以往更大，为此，人们逐渐变得冷漠，人与人之间的防范更严密，造成社会中不断出现一些由于人的冷漠造成的悲剧。全民健身活动的出现有利于人际关系的改善，这主要是由于它的主要开展形式是家庭体育、社区体育、学校体育和俱乐部体育等，这些开展单位几乎包含了所有人们日常能够遇到的人际关系。由于健身活动时的组织形式有别于正式组织的结构形式，组织氛围比较轻松，如此更容易获得融洽的情感，使得参与活动当中的人们彼此能够更加敞开心胸地交流，对改善亲子关系、邻里关系、同事同学关系、同志关系都有重要的作用。

第二节　社会体育及其基础知识

一、社会体育的概念

社会体育（commune physical culture）是指公民自愿参加的，以增进人的身心健康为主要目的，内容丰富、形式灵活多样的群众性体育活动，也是体育的有机组成部分。社会体育能增强人的体质，增进人的健康，延长人的寿命，满足人民群众的健身、健美、消遣、娱乐、休闲、保健、医疗、康复、社交等多方面的需要，以业余自愿为原则。国家鼓励公民参加社会体育活动，因为社会体育是社会主义精神文明建设的内容之一。

为了揭示体育这种复杂社会现象的发展规律，促进体育事业的健康发展，研究者从不同视角对体育进行分类。如从文化学角度，可分为体育教育、竞技运动、全民健身等；从方法论的角度，可分为体育教学、运动训练与竞赛、身体锻炼与娱乐等；从管理学角度，可分为社会体育、学校体育、军队体育、竞技体育等。仅就社会体育而言，如按地缘，可分为地方民间体育、民族体育等；按目的，可分为健身体育、娱乐体育、健美体育、保健体育等，保健体育又可划分为医疗体育、矫治体育；按参加的人群，可分为婴幼儿体育、老年人体育、妇女体育、残疾人体育等；按组织方式，可分为职工体育、社区体育、竞技体育、农民体育、家庭体育等。

把体育分成社会体育、学校体育、竞技体育、军队体育等几个部分是管理学常用的分类方法。这种分类方法能较清晰地区别社会不同领域的体育活动，有利于归口管理和专业人才培养。其实，组成体育整体的这几个部分在目的、管理方法、组织形式、负荷要求以及形式内容等方面既有共同点，也存在很大的差异。

竞技体育（sports）的主要目标是创造优异的运动成绩；其内容、方法、手段与管理都以创造优异的运动成绩为目的，主要由教练员承担起具体的训练任务。

学校体育（school physical）以体育教学作为学校教育的组成部分，其过程、内容、方法、手段、标准，国家都做出了严格的规定；每个学生必须完成体育教学大纲规定的内容，并经过考核达到规定的要求。学校有一支建制完整、经过专业学校培育的体育师资队伍。

军队体育（army physical culture）是军事教育、训练的内容之一。军队体育训练严格按照军事训练大纲进行，其内容和要求既有体育活动的一般性又有服务于军事要求的特殊性；从事军队体育训练和管理的是教官。

社会体育是竞技体育、学校体育和军队体育以外的广阔领域。因此，决定了社会体育人员构成的多层次性、目的动机的多样性、内容形式的灵活性、组织管理的松散性等基本特点。从事社会体育组织管理和健身指导的是社会体育指导员（师）。

在我国长期沿用、约定俗成的"群众体育"（mass physical culture）一词是相对"竞技体育"（又译"精英体育"）而言的，与国际用语对应的是"大众体育"（sports for all）。我国目前贯彻执行的"奥运争光计划"和"全民健身计划"协调发展的战略方针，就是以这一分类为理论基础的。从这个意义上来讲，"群众体育"与"社会体育"相互包容。"社会体育"的提法侧重具体的管理和研究，而"群众体育"有政治寓意，属意识形态范畴用语。我国从中华人民共和国成立以来一直沿用"群众体育"词组，突出我国社会主义的性质，也体现出我们党、国家和政府对人民大众的群众性体育活动的重视。

二、社会体育的特点

社会体育有别于竞技体育、学校体育和军队体育，它是一种最为普遍的体育现象，具有以下几个特点。

（一）娱乐身心性

娱乐身心是社会体育最本质的特点，也是社会体育区别于其他体育和文化活动的最显著特征。社会体育最基本的形式就是亿万群众参与的体育活动。让参与者自愿主动进行直接的身体运动过程，达到强身健体、愉悦身心、陶冶情操、交友合群的效果。社会体育的健身性与娱乐性是统一的，这是人的身心合一特点的反映。健全的精神寓于健全的身体，健全的身体孕育健全的精神。体育活动既作用于人的身体，也作用于人的精神。

（二）广泛参与性

社会体育的功能具有广泛性，可以满足人们不同层次的需要，因此，各年龄阶段的人不分性别、职业、兴趣爱好，都能参加社会体育，并在社会体育中找到适合自己的位置，实现自身价值。在我国社会体育受到国家政策的支持，广泛性得到了更大的提高。无论在哪种地方，只要有人群，就会有人的生存、享受、发展的需要，就需要社会体育去满足这些需要。

（三）主动参与性

社会体育不同于竞技体育，它也属于工作或劳动，它是人们可以自由支配的时间里从事的一种活动。这种活动是主动、自愿参与的，不带有任何强制性；活动的内容和形式都是根据自身的兴趣爱好和实际情况自由选择的。正因为如此，《中华人民共和国体育法》规定"国家提倡公民参加社会体育活动"，而不是要求公民必须参加社会体育活动。

（四）灵活多样性

社会体育具有灵活多样性，体育活动的内容丰富多彩，目前国外大众体育流行的主要项目有步行、健身操、保龄球、高尔夫球、交谊舞、攀岩、漂流、滑翔、冲浪、滑板、徒步穿越、高山滑雪、山地自行车等。另外，户外运动在许多西方国家非常流行，是热爱运动者的首选，它强调利用森林、山地、湖泊、水库、海滩等自然资源开展体育活动，让参与者在运动之余享受大自然的美，达到身心愉悦的效果。就目前对我国社会体育的研究分析，已整理出具有我国传统特色的少数民族传统体育项目676个，汉族体育项目301个，这体现了我国社会体育的多样性。社会体育活动形式不拘一格，不仅包括体育教学、体育训练、体育竞赛、体育表演，而且包括体育锻炼、体育娱乐、体育旅游、体育观赏、体育探险等。

三、社会体育的目的与任务

（一）我国社会体育的目的

我国社会体育的目的是增进全体社会成员的身心健康，增强体质，满足人们的娱乐需要和自我成就需求，促进个体的全面发展，为建设社会主义物质文明与精神文明服务。

增进身心健康、增强体质，反映了社会体育的本质属性与效能，它包含了一系列具体的指标体系，可以把它们作为衡量社会体育工作成效的具体标准。这些指标体系有利于社会体育目标管理，也有利于指导社会体育实践活动。

满足娱乐需要和自我成就需求，促进个体全面发展，是指人们为了满足自身享受和发展的需要，进行各种直接以身体作为改造对象的体育实践，不断完善自己，获得和享受自身的自由全面发展。

建设物质文明和精神文明包括了两个层次：第一个层次是社会体育参加者自身的物质（身体）与精神（心理）文明建设；第二个层次是指社会体育要为整个社会的物质文明与精神文明建设服务。即社会体育既是个体物质文明和精神文明的组成部分，又是促进社会物质文明和精神文明的手段。为整个社会的物质文明和精神文明服务，是我国政治经济制度在社会体育目的方面的反映，它指明了我国社会体育的性质，为我国社会体育事业的发展确定了基本方向。

（二）我国社会体育的任务

我国社会体育的目的提出了社会体育的总目标，社会体育的任务则使这个目标具体化和具有可操作性。目的要通过任务的完成来实现。因此，在现阶段要通过下列任务来实现我国社会体育的目的。

1. 增进社会成员身心健康，增强体质，提高全民族的身体素质

增进社会成员身心健康，增强体质，提高全民族的身体素质，是我国社会体育的根本任务。增进健康、增强体质、提高民族身体素质与诸多因素有关。如改善营养状况、养成良好的生活习惯、改善生态环境、发展医疗技术等。但增强体质最积极、最有效、最活跃、最廉价的手段是体育锻炼。通过推行全民健身计划，开展不同类型的社会体育活动，广泛引进现代科技以促进社会体育手段的科学化，加强国民体质监测，完善国民体质监测系统等具体工作的落实，全民族身体素质能有效地逐步提高。

2. 实行社会体育管理体制改革，完善社会体育法规体系

改革政府体育管理机构，逐步将我国社会体育原有的政府管理型体制向结合型体制转变。体育行政部门要从"办体育"向"管体育"转变，发挥领导、协调、监督和服务的作用，弱化微观管理职能，加强宏观管理。加速社会体育社会化管理，发挥社会团体、群众组织的作用，加强社会体育组织机构的规范化、制度化建设。同时必须坚决贯彻执行《中华人民共和国体育法》《全民健身计划纲要》《社会体育指导员技术等级制度》等体育法规、制度，强化体育监督机制，实现以法治体。

3. 将社会体育纳入社会主义市场经济体系，扩大社会体育资源

我国开展社会体育的各种资源还严重不足，与城乡居民的需求相差很大。为了尽快解决发展社会体育的人、财、物方面的问题，必须建立起与市场经济体制相适应的社会体育体制和良性循环的运行机制。体育产业化是改变社会体育完全依赖国家拨款的有益尝试。发展社会体育产业的前提条件是培育好社会体育的可持续市场，在这个市场中正确处理好"公益性与营利性"的服务供给。以公益性为主、营利性为辅，应是社会体育产业市场创业初始的原则。目前，我国社会体育产业正值这样一个初始阶段，社会体育市场重点应以积极兴建适宜、方便群众参与的，多样、小型的公益性锻炼场所为主。在此基础上，不同场所可寻找有利于群众参与的经营方式和渠道，以提高现有体育场地设施的社会利用率，形成"花钱买健康"的良性运行方式，吸引群众参与到体育消费市场中来，逐步健全并最终实现社会体育产业市场的运行机制。

4. 扩大社会体育交流，丰富社会文化生活，推动整个社会的精神文明建设

随着我国人民物质生活水平的提高，人们在紧张劳动之余要求有丰富的文化生活。这包括人们运用各种体育手段、方法来锻炼身体；组织或参加各种竞赛和游戏；观赏各种表演或竞赛。这些丰富多彩的体育活动是文化生活的重要内容。

社会体育活动的参加者不仅自身可以达到增强体质、消除疲劳、愉悦身心、陶冶情操、丰富生活的目的，而且对整个社会来说，还起到了扩大社会交流、密切人际关系、促进团体协作、建立良好社会风尚的作用。因此，通过社会体育活动丰富社会文化生活，不仅能够提高参加者的自身素质，也有利于整个社会的精神文明建设。

第三节 社会体育管理概述

社会体育管理是指通过一定方式整合资源，以促使社会体育目的实现的过程。社会体育管理的目标最终是为实现社会体育组织的存续目的服务，是社会体育组织存续目的得以实现的保证。社会体育管理内容既包括对社会体育中人、财、物、信息和时间等资源的管理，又包括对职工体育、城市社区体育、农村体育等具体领域的管理。社会体育管理的方法和职能构成社会体育管理的基本方式。

一、社会体育管理的概念与特点

（一）社会体育管理的概念

随着经济社会的全面快速发展，我国城乡居民的生活方式正在发生深刻而急剧的变革，

生活方式的转变为社会体育的发展创造了良好的社会环境，同时产生了新的社会健康问题，对社会体育提出了新的要求。在这种环境下，加强对社会体育的管理，促进社会体育的健康、快速、协调发展就成为一项必须予以高度重视的议题。

所谓社会体育管理是指通过一定方式整合资源，以促使社会体育目的实现的过程。把握这一概念须注意以下几点。

1. 社会体育管理的主体多元

社会体育组织中的管理者是在社会体育管理活动中起支配作用的个体或集体，它们构成管理的主体。社会体育的管理者是多元的，其中政府部门是一支重要力量，《全民健身条例》规定：国务院体育主管部门负责全国的全民健身工作，国务院其他有关部门在各自职责范围内负责有关的全民健身工作。县级以上地方人民政府主管体育工作的部门（以下简称体育主管部门）负责本行政区域内的全民健身工作，县级以上地方人民政府其他有关部门在各自职责范围内负责有关的全民健身工作。此外，还有大量的社会体育组织在推动社会体育工作的发展。可见，在我国，对社会体育进行管理不仅是政府的责任，也是各级各类机关、企业、事业单位的责任。开展社会体育工作不仅是各级工会、共青团、妇联等人民团体的责任，也是各级各类体育社会团体的责任。

2. 社会体育管理的载体是各类组织

管理活动总是存在于一定的组织之中。组织是完成管理活动的有力工具，是管理活动的载体。我国社会体育管理的组织不仅包括各种政府行政部门的专门、非专门组织，还包括各种非政府部门的社会体育管理组织。

3. 社会体育管理需通过一定方式来实现

任何社会活动目标均须通过一定方式来实现。社会体育管理方式是为实现社会体育管理的目标而采用的方法、手段、工具、步骤及途径，以及知识、技能的统称。社会体育管理的基本方式包括计划、组织、控制等属于管理职能的内容，以及各种行政的、经济的、法律的及宣传的方法手段。

4. 社会体育管理的对象是资源

社会体育资源是社会体育管理的客体，也是管理的对象，是社会体育管理实践得以运行的基础。社会体育发展所需要的资源包括人、财、物、时间、信息等。

5. 社会体育管理需要对资源进行整合

整合是对社会体育资源的培育、开发、配置、利用等方面进行的调节、控制、组合等活动，通过对资源的有效整合，资源的价值才能得以发挥，并最终促使社会体育组织目标的实现。

6. 社会体育管理的目标是促使社会体育组织目标的实现

目标是管理活动的出发点和最终归宿。任何一个组织的存在都基于一定的目标（存续目的）。社会体育管理的目标最终是为实现社会体育组织的存续目的服务，它是社会体育组织存续目的得以实现的保证。由于社会体育组织的目标是一个由一系列子目标构成的体系，就决定了社会体育管理的目标也是一个体系。

（二）社会体育管理的特点

1. 管理目标的多样性

由于社会体育工作的复杂性、层次性、多样性等特征，在客观上决定了对社会体育管理的目标也是多样的。一般而言，社会体育工作包括提高国民体质及健康水平，发展体育人口和经常参加体育活动的人数，筹措社会体育经费，创建社会体育活动的场地设施，培训社会体育干部、社会体育指导员以及骨干力量，组建社会体育组织，开展各种类型的社会体育活动等方面。因此，各级各类社会体育组织的管理目标也应遵从上述工作内容进行确定。需要注意的是，管理目标与组织目标是一致的，因此，社会体育管理的终极目标是为实现社会体育组织自身的存续目的而设定的。

2. 管理主体的多元性

社会体育的管理主体是不同的社会体育组织及个人。随着我国体育改革的深化与发展，社会体育投资的多元化、社会办体育的自主化和体育行政职能的规范化，正在打破我国长期以来政府集投资者、主办者与管理者于一身的原有格局。由于社会体育的对象广泛、内容多样，其管理资源大多来源于社会，受多种社会因素的影响，因此，社会体育管理必须以多元化管理为原则导向。各级体育行政部门应发挥宏观调控职能，积极引导各级社会体育组织管理社会体育的积极性，不断提高社会体育工作的整体绩效。

3. 管理对象的普遍性

社会体育管理的对象是以人力资源为核心的各类资源，这些资源普遍存在于人类经济社会生活的方方面面。社会体育组织目的的实现也是以资源的投入为前提的。凡是社会体育发展所需的各种要素及投入均可视为社会体育资源。根据人们认识资源的角度不同，社会体育资源的种类及表现形式极为多样：它不仅包括我们所熟知的人力、物力、财力等有形资源（如体育管理人员、社会体育指导员、体育志愿者、体育场地设施、体育器材、体育经费等），还包括各种体育信息、科研、管理制度、政策法规乃至社会舆论等无形资源；它不仅包括已经被人们认识到的各种显性体育资源，还包括各种即将被人们认识到的潜在体育资源；它不仅包括各种物质性的体育资源，还包括观念性的体育资源；它不仅包括各种可以直接运用来发展社会体育的直接体育资源，还包括那些虽不能直接运用但可通过一定条件转化为社会体育提供支持的间接体育资源等。社会体育资源是一个复杂的系统组成，不同类型、不同层次的资源之间相互影响、相互作用,并对社会体育的整体及局部运行发挥着重要作用。

4. 管理边界的模糊性

社会体育管理的边界可理解为管理的实施领域或影响范围。首先,从社会组织划分的角度来讲,社会体育的参与主体从属于不同的社会组织。因此,社会体育工作的开展需要不同组织中的社会成员广泛发生互动。其次,从社会体育活动的组织管理角度而言,社会体育部门需要与其他社会组织进行广泛的联系与沟通。因此,社会体育在实践中经常与社会的文化、教育、娱乐、旅游等组织形成互渗互动。社会体育管理与社会其他组织这种广泛的结合点,使它表现出巨大的包容性和适应性,往往与社会其他系统的有关管理交叉在一起,难以划清它的组织边界。这种管理特点为更紧密地依托社会发展为社会体育创造了非常有利的条件,但由于社会体育管理系统的独立性不明显,也易于在具体的组织管理工作中,与其他系统产生矛盾和冲突,进而加大了管理的难度,尤其是对协调职能的要求。

5. 管理系统的复杂性

由于社会体育是一项涉及全民、全社会的事业,对其管理就客观上形成了一个复杂的管理系统。在社会体育管理系统中,既有专门、正式的政府体育部门,也有形形色色、非正式的社会体育组织;既有各行业单位的体育机构,也有分散在社会各界的社会体育指导员。同时,参与者的分布地域、职业性质、社会地位、活动目的等差异较大,进一步提高了社会体育管理的复杂性。这就要求社会体育在管理机制上,既要与外部环境保持高度的耦合,又要保持自身相对的独立性和稳定性。此外,社会体育资源系统也极其错综复杂。社会体育管理的复杂性,必然对管理者的管理水平和管理艺术提出较高要求。

二、社会体育管理的目标与任务

(一)社会体育管理的目标

目标是一个组织通过决策和行动争取达到的意想目的,以及验证其决策行动同其意想目的相符程度的衡量指标。作为任何一项具体的体育管理活动或工作一定有一个欲达成的具体目标,而管理活动的具体目标又一定是组织总体目标规定下的产物。组织既定目标是其存续目的的一个阶段性的表现,而任何体育组织的管理目标就是要实现组织既定的目标,组织既定目标可以被分解成各类管理活动的具体目标,这些具体管理目标的逐步实现将最终帮助实现组织的既定目标。

我国社会体育的目的在于通过体育运动增强人的健康水平,减少疾病发生率,提高工作效率,同时也通过刺激人们的体育消费、安置就业人口、增加经济效益等方式来促进经济社会的全面发展。这些目标的实现最终要分担到形形色色的社会体育组织中,并要通过管理活动予以保障。因此，各种社会体育组织的管理目标应该是为保证社会体育组织更好地实现其既定目标。

社会体育管理的目标是由一系列子目标组成的。为了实现总目标，需要设定不同内容、不同层级以及不同时段的子目标。例如，在目标的内容上可以设置诸如发展体育人口、国民体质监测、社会体育宣传、社会体育干部培训、社会体育经费筹措、发展社会体育组织、建设场地设施等方面的子目标；在目标的层级上可以设置诸如中央、省市、区县等方面的子目标；在目标的时段上可以设置诸如1年、3年、5年、10年等方面的子目标。各级各类社会体育管理组织，应从上述几个方面确定自己的管理目标，实施对社会体育的计划、组织、控制、协调和指导。因组织性质、职权范围、具体条件等的不同，各社会体育管理部门在确定上述主要目标的侧重点和具体标准上，可能会有所不同。

（二）社会体育管理的任务

社会体育管理的任务是社会体育管理目标的具体化，也是实现社会体育组织存续的基本保证。一般而言，社会体育管理的基本任务如下。

1. 努力增强群众体育意识，增加参加锻炼的人群数量

群众体育参与是社会体育得以存续的基本理由与前提。目前我国群众性体育活动已在各省市和地区蓬勃开展，参加体育活动的人数在不断增加，人们的身体素质也得到了很大的改善，然而社会体育工作还未跟上社会主义现代化建设的步伐，经常参与体育锻炼的人数相对不足，原因之一是群众体育意识相对不足。当前我国体育工作正在由体育大国向体育强国的目标迈进，大力发展社会体育，提高人们的体质健康水平是我国社会体育的根本目标，而将其落实到社会体育管理工作中则需要广泛开展形式多样、健康文明的社会体育活动。为此，要特别重视加强民众体育参与的宣传工作，要通过各种宣传活动，引导激励人们崇尚体育健身、参与体育健身、科学精神的理念，使全民健身成为社会的普遍共识。

2. 广泛开展社会体育活动

"开展群众性的体育活动"是《宪法》对体育工作的基本规定。《中华人民共和国体育法》也规定"体育工作要坚持以开展全民健身活动为基础"。因此，广泛开展各种各样、科学文明健康的体育活动是社会体育工作的重要内容，也是社会体育工作的抓手。社会体育活动主要包括健身性活动、竞赛性活动、表演性活动及示范性活动等。各种类型的社会体育活动是我国开展社会体育工作的体现和载体，是实现群众体质健康的基本保障。完成这项任务不仅是政府的责任，也是各级各类机关、企事业单位和社区的责任；不仅是各级工会、共青团、妇联等社会团体的责任，也是各级各类体育社会团体的责任。各责任主体要大力宣传各种体育知识，组织各种体育活动，使全民接触体育、了解体育、热爱体育，最终投入体育运动当中。

3. 不断加强社会体育场地设施的供给

体育场地设施是人民群众从事体育活动的基本条件，其发展规模与水平是反映一个国家或地区社会体育发展规模和水平的窗口。社会体育场地设施主要包括公共体育场馆、学校、机关和企事业单位所属的体育场地设施、社会健身休闲场地、商业性健身设施等。根据国家体育总局2013年20～69岁人群体育健身活动和体质状况调查，中国居民健身需求日益旺盛、健身意识不断增强，但现有的公共体育场地却难以满足民众健身需求，居民健身现状与期望之间存在明显差距。要抓好社会体育工作，必须建设好群众身边的健身场地，方便群众就近就地参加体育活动。各地要将体育设施用地纳入城乡规划、土地利用总体规划和年度用地计划，合理安排用地需求。要完善规划与土地政策，加强社区群众健身设施配建和改造，落实体育设施用地政策。

4. 大力发展群众性体育社会组织

群众体育组织是开展群众性体育活动的基本依托，是推动全民健身工作的重要保障，是构建公共体育服务体系的关键环节，在开展全民健身活动、创新社会管理、发展体育文化方面发挥着不可替代的作用。要重点培育发展城乡基层全民健身急需群众参与性高的体育社会组织，实现有序、科学发展；要推动形成以体育健身俱乐部和晨（晚）练健身点为点、体育社团为线的点线结合、覆盖城乡和各类人群的群众体育组织网络；要推动群众体育组织深化改革，规范管理，引导它们步入自我管理、自我约束、自我发展的良性轨道。良好的群众体育组织发展环境是群众享有公共体育服务的保障，要为各级各类群众体育组织发展提供有力的政府支持、经费投入和配套政策。

5. 引导与激发群众进行体育健康投资与消费

引导人们为健康投资，促进人们的体育消费不仅是发展体育产业的有效途径，还是公民提升个人生活质量、塑造完美人生的必要之举。要引导与教育群众认识到向体质与健康投资，进行体能与健康储备，与进行知识和能力储备同样重要，为增进健康而消费应与教育消费一样，理应成为人们家庭消费的一部分。为此，社会体育工作应该承担起引导人们为增强体质与健康而投资，促进人们体育消费的任务。各级政府要将全民健身经费纳入财政预算，并保持与国民经济增长相适应。要加大投入，安排投资支持体育设施建设。要安排一定比例的体育彩票公益金等财政资金，通过政府购买服务等多种方式，积极支持群众健身消费，鼓励公共体育设施免费或低收费开放，引导经营主体提供公益性群众体育健身服务。要鼓励引导企事业单位、学校、个人购买运动伤害类保险，以及探索制定鼓励群众健身消费的优惠政策等。

6. 不断建立健全社会体育法规制度

当前，人们的体育行为比过去更为复杂，参与人也更多，已从单纯的体育竞技扩展到了社会体育、体育教育、体育经营、体育纠纷的救济等许多领域，体育参与者的行为更需规范。只有完善了体育法规制度，才能促使体育参与者更好地依法从事体育活动，保持良好的体育秩序。社会体育的法规制度，是国家通过立法所建立起来的持续、规范的工作或活动体系。它是群众体育持续、快速、健康发展的重要保障。许多发达国家对大众体育的基本原则、基本制度与行政制度，都用法律条款来控制、监督与调节，并在大众体育组织形式、场地规划管理、活动内容和经费筹集等方面均出台配套法规予以支撑完善。当前我国体育法治建设的起步比较晚，社会体育法规制度建设的任务更加繁重。为此，要重视开展社会体育领域的立法，健全体育执法与监督制度，加强体育法制队伍的建设等工作。

7. 不断推进社会体育管理体制改革

为了实现国家经济社会改革与发展的总体目标，社会体育事业的管理体制必须进行改革。要改革计划经济体制下形成的由政府体育行政部门一家管、主要靠行政手段管、主要靠政府投资办、政府管得过多、管得过死和办得过多、办得过滥的模式，形成政府宏观管，社会具体办、国家与社会共同兴办的模式，政府为广大人民群众提供基本公共体育产品和服务，社会为满足人们多样化体育需求提供条件的发展模式。同时，要充分发挥中央与地方两个方面的积极性，发展各地独具优势和特色的社会体育事业。

三、社会体育管理的基本原则

（一）社会性原则

社会体育管理系统是一个非常庞大的系统，涉及面广、关系复杂，因此，社会性原则是社会体育管理的一个重要原则。在运用社会性原则的过程中，社会体育管理部门应当从管理效益最大化的角度出发，协调好本系统与其他系统的关系，以取得政府的认可和相关部门的支持，使更多的群众参与到社会体育活动中，促进社会体育的开展。同时，在社会主义市场经济条件下，社会体育管理部门应当改变过去"等、靠、要"的消极思想，变被动为主动，变办体育为管体育，发挥社会各界的积极性，多方筹集社会资金，群策群力办好社会体育。另外，社会体育管理部门的工作人员应当深入基层做调查研究，及时了解群众意愿，以全心全意为人民服务为根本宗旨，经常举办一些群众喜闻乐见的体育活动，尽力满足群众对社会体育的需求，充分体现社会体育的社会性。

（二）协作性原则

社会体育是一项全民性的事业，各级管理部门需要密切配合、加强协作。这就要求有关社会体育管理部门做到纵向管理和横向管理的有机协作。社会体育的纵向管理是指按"条条"分系统的管理。横向管理是指体育行政部门对各部门、各行业、各社会体育组织的管理。纵向与横向相结合的管理，是"条块"结合的管理，以"条条"促"块块"，用"块块"促"条条"。社会体育管理要突破纵向，打开横向，即突破其过分集中于国家体育部门办的弊端，作为社会办体育之路，推动各部门办体育，使各部门把体育协会成立起来，把部门体育落到实处。

（三）指导性原则

进行工作指导是体育行政管理部门对各行业、各部门、各群众组织的社会体育活动实施领导、协调和监督的一种方式。由于社会体育涉及面很大，不同地区、行业和单位，其地理环境、经济物质条件、科学文化水平等都不一样。社会体育参加者对体育的需求程度、价值取向等，因年龄、职业、受教育程度和性别的不同亦有很大差别，加之人们余暇时间的长短、多少不一，余暇生活的方式迥异，因此，社会体育的计划，社会体育活动的内容、方式等都不宜强求一致，不宜用简单的行政命令下达计划指标及要求，而应以指导性原则为主。

（四）激发性原则

社会体育活动是群众自觉自愿参加的，不能带有任何强制色彩。因此，在社会体育的管理过程中，加大宣传和组织的力度，运用多种形式、手段和方法启发、诱导、激励群众，充分调动群众的积极性、主动性就显得尤为重要。运用激发性原则，首先要激发人们参加体育活动的热情。应当经常举办一些群众喜闻乐见的体育赛事，利用体育表演、体育展览等活动吸引群众，并采取赠送纪念品、颁发奖品和荣誉证书等手段等，给参加者以激励，调动其参加体育活动的积极性。其次，激发人们参加体育活动的动机。应该针对不同人的动机，采取切实可行的措施，充分发挥社会体育的特有功能。最后，要为不同层次体育需求创造必要的条件。各级政府及社会各界一方面要通过法规、政策、制度等来规范和引导它的发展；另一方面要为社会成员参加体育锻炼，从事健身活动提供物质、资金、场地等多方面的支持，确保人民真正享有参加体育活动的权利。

四、社会体育管理的基本内容

社会体育的管理工作涉及对人、财、物、信息等资源的协调和处理。社会体育的管理工作就是运用计划、组织、控制等职能对这些资源进行整合，以达到保障群众健身权利、提高群众素质和推动社会体育事业健康发展的目的。不同的组织依据其目的任务不同，管理的内容有所区分。现代体育管理系统是由体育管理主体、体育管理客体、体育管理中介、体育管理目标和体育管理环境五大要素构成的。根据社会体育管理的系统，社会体育管理的基本内容可从如下几个方面进行划分。

（一）社会体育资源的管理

从社会体育管理资源的角度来看，社会体育管理内容包括对社会体育中人、财、物、信息和时间等资源的管理。社会体育管理工作的目的就是通过一定方式整合这些资源要素，以实现社会体育组织的既定目标。

1. 人员的管理

社会体育人员队伍是开展社会体育的重要力量，主要包括社会体育干部、骨干、志愿者等。在社会体育工作中，人员的管理不只是人员的组织和使用，还包括人员的培训、考核和激励。人员管理的核心是如何调动和发挥人的积极性和创造性，为人员的工作和发展提供一个良好的工作环境，以达到人尽其才的目的，为实现社会体育管理的目标服务。

2. 经费的管理

社会体育经费是开展社会体育的财力资源，社会体育经费的管理主要包括对经费的筹措、分配与使用等方面。开展社会体育需要一定的资金，社会体育管理组织要广开财源，争取政府部门和社会各界对社会体育的经费投入和财力支持，还要利用有限的资金多办事、办实事。要扩大资金来源，多渠道、多形式吸引资金，提高资金的使用效率，讲求经济核算和成本核算，以发挥经费资源的最大效益。

3. 场地设施的管理

场地设施是社会体育管理的物质基础。社会体育场地设施管理的内容主要包括社会体育场地设施的管理、维护、使用，以及经营开发等方面。搞好场地设施的管理对保证社会体育活动的顺利开展起着至关重要的作用。社会体育有关的场地设施主要包括体育俱乐部场地设施、企业内部健身场地设施、公共体育场地设施和学校体育场地设施。社会体育活动的场地设施数量是衡量一个国家社会体育发展水平的重要指标之一。社会体育管理既要努力提高场地设施的数量和质量，又要想方设法提高现有场地设施的利用率。

4. 信息的管理

社会体育的信息是指对发展社会体育有价值的新内容、新知识和新消息。社会体育信息管理的内容主要包括社会体育信息的收集、整理和处理等。基层社会体育信息管理的主要工作是整理、加工、利用好现有的报刊、资料、文件、书籍等，并努力扩大信息来源，充分发挥这些信息的作用。除要重视社会体育工作本身的信息外，还要关注上级领导机关的工作方针、政策、举措等，学习、借鉴兄弟单位、地区、部门的先进经验，注意了解有关行业系统和国外的动态。对所获得的信息，及时加工整理并向有关人员报告，做好保管工作。

5. 时间的管理

时间作为一种有价值的资源应该进行管理。时间管理的目的是充分利用时间、合理安排时间、避免时间浪费和使用不当。在基层社会体育工作中，人们常对使用资金进行预算，而很少对时间做出预算。实际上时间同样需要精打细算，做出预先安排，分出轻重缓急，做到有别有序、忙而不乱。一项活动的准备时间要充分，还要留有余地，活动进行的时间要精确计算。只有按计划进行，才能保证活动有序、热烈、紧凑。建立对重要的工作或活动制定时间进度表的制度，避免在次要问题上过多消耗时间，要使工作规范化、条理化，减少不必要的环节，节约时间，提高工作效率。

（二）社会体育领域的管理

按照社会体育的不同领域，社会体育的管理内容包括对职工体育、城市社区体育、农村体育的管理等，它们具有一些共同的规律，同时又具有各自不同的特点。

1. 职工体育的管理

职工体育是社会体育的重要组成部分。从参加对象上看，主要是企、事业和机关等单位的职工；在时间特征上，表现为职工利用工余间歇和双休日、节假日开展体育锻炼；在空间特征上，一般都是利用单位自有的场地设施条件或就地、就近、就便，因地制宜地进行体育活动；在项目特征上，表现为趣味性、娱乐性较强，健身作用和社会普及面较大，为职工喜闻乐见的体育项目；在作用特征上，比较突出地表现在能增进职工身体健康，降低因病缺勤率，提高工作积极性，增强本单位职工凝聚力，同时也能够在一定程度上提高单位的知名度；在管理机构上，一般都由常设的管理机构（工会、体协）负责组织管理。社会主义市场经济条件下，企、事业单位的组织体制、运行机制等都发生了深刻的变化，使企、事业单位职工体育工作面临着新的挑战和机遇。职工体育管理主要包括职工体育的计划、组织与实施、总结，以及职工体育资源整合等。

2. 城市社区体育管理

城市社区体育主要指在城市中以社区为单位，以社区居民为主要对象，以社区自然环境和体育设施为物质基础，就地、就近开展的区域性群众体育活动。社区体育的突出特点是区域性，它不是以参加对象的单位隶属或职业身份界定参与者的身份，而是以"社区"这样的地域性概念进行划分。同处一个社区，无论是工人、干部、学生、老人、青年、小孩等，都是社区体育的对象。社区体育活动的开展是利用社区资源进行的，社区内的绿化地带、楼间庭院、广场公园及其他公共设施都是体育活动可以利用的资源；社区体育在活动设施上具有公共性和公益性的特点。社区体育组织还具有较强的民间性，它一般都是独立的社会团体，虽然有些组织挂靠在街道办事处或其他机构，但其自筹经费、自我组织、自愿参加的特点仍反映出较强的民间性；社区体育指导与被指导的关系具有平等性，社区体育指导员自身是锻炼者、活动者，还兼任指导员、辅导员，其工作性质具有很大的义务性，如提供场地设施服务、体育指导和咨询服务、资金资助和组织服务等。城市社区体育管理主要包括城市社区体育计划、组织、活动与竞赛管理、资源整合等。

3. 农村体育管理

"农村体育"是一个以地域特点划分的概念，一般是指县及县以下广大农村所开展的体育活动。农村体育所涉及的内容包含有社会体育、学校体育，还有少部分竞技体育的成分。随着农村经济的发展、农民物质生活水平的不断提高，农民的精神需求也在不断增加，体育在农民生活中占据越来越重要的地位，对农村两个文明的建设起到推动作用。农村体育的场所是农村，背景是农业，主体是农民，由此决定了农村体育参加对象的分散性、活动时间的不稳定性、体育观念的保守性、经济条件的滞后性、活动项目的民俗性等诸多特点。农村体育管理主要包括农村体育工作计划、组织、活动与竞赛管理、资源整合等。

（三）社会体育参与人群的管理

青少年、老年人、妇女等不同的参与人群构成社会体育管理的对象，也属于社会体育管理要研究的基本内容。

1. 青少年体育管理

青少年体育是国家体育发展的希望和未来，历来受到党和政府的高度关注。2007年5月中共中央国务院下发《关于加强青少年体育增强青少年体质的意见》（中发〔2007〕7号），这是中华人民共和国成立以来专门针对青少年体育下发的一个高层次、高规格的重要文件，首次把青少年体育工作在现代化建设全局中的重要战略位置提升到一个新的高度。青少年体育管理的内容非常丰富，不仅包括校园体育、课外活动、业余锻炼与竞赛、体质健康等方面的管理，也包括青少年体育的发展规划、组织实施、绩效评估等，还可包括青少年体育的人力、物力、财力等资源管理。

2. 老年人体育管理

我国老年人体育作为一种广泛的群众性活动，近年来开展迅速。社会安定、生活改善、文化水平提高，为开展老年人体育创造了条件。许多老干部、老科学家、老教育工作者、老工人积极锻炼身体，争取为祖国建设多做贡献，他们之中打拳、舞剑、练功、慢跑、竞走、登山、游泳、打球的人越来越多。有些人还自选健身操进行锻炼。老年人体育是社会体育的一个方面，老年人体育管理的基本任务是发动、组织老年人参加适当的体育活动，增进健康，延缓衰老，防治老年性疾病。老年人体育管理的基本内容包括老年人体育的发展规划、老年人体育组织管理、老年人体育资源管理等等。

3. 妇女体育管理

妇女体育是社会体育的组成部分，是对女性进行的以健身、健心、健美、娱乐、医疗等为目的的身体锻炼活动。妇女体育的发展得益于经济与社会的发展所提供的更多的机会，妇女解放运动对妇女社会形象的改变，妇女体育的法律保障，妇女自身健身意识的增强，以及大众传播媒介对妇女体育的关注等因素。妇女体育管理的基本内容包括妇女体育的发展规划、妇女体育活动管理、妇女体育组织与竞赛、妇女体育资源管理等等。

（四）社会体育工作过程的管理

作为社会体育管理的基本中介，社会体育计划、组织和控制也是社会体育管理予以研究的基本内容。

1. 社会体育计划的管理

社会体育管理活动实施的前提是要有管理活动的计划。社会体育计划管理的基本内容包括社会体育计划目标的管理、计划的制订、计划的实施、计划的评估等方面。

2. 社会体育组织的管理

社会体育工作的开展必须依赖于各级各类社会体育组织，因而，社会体育管理的重要工作之一是扶助建立各种社会性体育组织。另外，社会体育组织建立后还要组织开展各种活动。所以，社会体育组织管理具有双重含义：一是建立好组织；二是组织好活动。社会体育组织管理的基本内容包括社会体育组织的目标管理、组织机构设置、组织协调、组织职能划分、组织运行、组织绩效管理等。

3. 社会体育控制的管理

为确保社会体育管理活动的顺利进行，需要对管理活动实施的过程进行一定的控制。社会体育控制管理的基本内容包括社会体育控制的目标管理、控制方法手段、控制标准、控制实施的过程与步骤、控制评价等。

第四章

社会体育管理的基础原理

第一节 系统原理

系统原理主要着重研究系统的整体性。若干组成要素按照某种方式整合成为一个系统，就会产生整体具有部分或部分简单相加所不具备的功能，这就是系统的整体性，它是系统的结构方式相互作用、相互补充、相互制约而激发出来的，用通俗的话表述就是"整体大于部分之和"。

一、系统原理的概念

系统是由若干相互联系、相互作用的要素构成的具有特定功能的有机整体。贝塔朗菲认为系统是"相互作用的多元素的复合体"。换言之，如果一个对象集合中至少有两个可以区分的对象，所有对象按照可以辨认的特有方式相互联系在一起，就称该集合为一个系统。系统论的创始人贝塔朗菲提出了系统性能和整体效应的观点，即"整体大于各部分的总和"。系统整体效应的观点认为：系统的整体功能可以大于各要素在孤立状态下的功能之和，这主要是因为系统的诸要素经过合理的排列组合后，构成新的有机整体，表现出另一种性质即新的功能、特性、行为和特点，产生了放大的功能，也就产生了"1+1>2"的效果。系统的规模越大，结构越复杂，这种放大的功能就越大。产生"整体效应"的奥秘，在于科学合理的管理。在整个管理系统中不能将某个组成因素孤立发展，要将各要素置于同一系统中考察，单个因素的发展实现不了整体效果，因此，要系统内部各个要素协作发展才能实现最终的目标。

二、系统原理的理论依据

系统原理是指为实现系统的目标，运用系统的理论，对管理对象进行系统分析规律的概括。系统原理的理论依据是系统理论中的整体效应观点，任何管理对象都是一个特定的系统，根据整体目标的要求，按一定的结构动态地组合在一起。因此管理系统具有整体性，而且系统内部组成要素是相互联系并时刻运动着的，系统又与其他系统发生联系。为了实现现代科学管理的优化目标，必须运用系统理论，对管理对象进行细致的系统分析。

三、运用系统原理应遵循的原则

要将体育管理的系统原则合理、有效地运用于社会体育管理活动实践中就必须明确系统原理的相应原则。运用系统原理主要应遵循两个原则：整分合原则和相对封闭原则。

（一）整分合原则

管理必须在整体规划下明确分工，在分工基础上有效地综合，以保证整体目标的实现。任何管理对象都是一个庞大而复杂的系统，这个系统又是由若干因素按照一定结构组成的整体。首先必须明确整个系统最终要实现的目标是什么，要完成怎样的任务，实现整个计划需要做怎样的准备，整个流程的设计是怎样的。然后在此基础上进行具体的分工，要明确系统中各要素的具体任务。分工完毕，各要素就围绕整个目标运行，相互协作、共同促进、相互组合最终形成一个新的整体，实现整体目标。

整分合原则的运用：首先，树立整体意识。树立整体意识的目的是扩大整体效应，实现整体的目标。其次，合理分工。分工是为了发挥系统内各要素的优势，在较短的时间内快捷、高效地完成整体任务。系统未分工之前是混乱的，通过分工将杂乱无章的系统分解成小单位，这样整个系统更加明了。因此，分工就成了关键，是决定整个系统能实现功能最大化的重中之重。最后，分工与协作共同作用。分工之后并不就是一劳永逸，事物是动态发展的，可能在分工之后又出现了新的问题、新的情况。分工的各个环节，很容易在时间和空间、数量和质量上与整体脱节，在相互影响下产生新的矛盾。因此，我们强调在分工之后突出各因素的相互协作，朝着共同的方向运行。现代管理强调集体的协作性，也就是注重分工协作，分工只是围绕整体目标而展开的分解过程，而没有对管理的功能进行分工。

被分解后的独立个体，其仍然具备完成管理的所有功能，应当享有调动人力、财力、物力的权利。如果分工之后削减了调动其他资源的权利，各要素在完成任务的过程中会遇到较大的阻碍，不利于整体目标的实现。

（二）相对封闭性原则

相对封闭性原则是指任一系统内的管理手段必须形成一个连续的相对封闭的回路，构成完整的管理系统，进而形成有效的管理运动。

1. 使管理系统内部形成相对封闭

这里所说的封闭只是针对系统内部而言的，对系统外部则要呈开放状态，保持系统与外界不断地进行人、财、物、时间、信息等资源的交流。所谓封闭是在系统内部形成一个回路，正如电路一定要形成回路，电子才得以运动而产生电流一样。不封闭的管理，就不能形成有效的管理系统，就难以获得理想的管理功效，在社会体育管理活动过程中应在以上几个方面进行封闭。

2. 管理的组织机构要形成有效的封闭

要形成有效的管理活动，管理的组织机构必须具有决策机构、执行机构、监督机构和反馈机构四个基本部分。决策机构是管理的起点，由此发出指令，其指令一方面发向执行机构，另一方面发向监督机构。执行机构的主要任务是贯彻指令，而监督机构的任务则是根据指令去检查和监督执行机构的工作情况，以保证决策机构的指令能够正确地贯彻执行。反馈机构的任务是检查执行结果的情况，并对执行结果进行加工处理，然后反馈回决策机构。决策机构通过对反馈信息进行分析，对工作中出现的问题，寻求新的措施和对策加以解决，在此基础上发出新的指令，使管理活动不断逼近管理目标。

3. 管理的法规、制度也必须封闭

法不封闭，漏洞百出。法规和制度的制定和不断完善是各项管理工作中必不可少的重要环节，但仅仅有法规和制度是不够的，必须有监督的法规和程序，还要有在执行过程中解决矛盾的仲裁法和处理法。有了立法，没有司法，出现违法事件，无人审理，这就是不封闭的表现。从系统内部来看，一切规章制度，也要形成封闭回路，如实行责任制，要以奖惩进行封闭；而晋升制，要以考核进行封闭等。只有这样，法规和制度才能在管理过程中发挥其作用。

4. 管理中的人也必须是封闭的

管理中人的封闭，集中体现在一层管理一层，一层对一层负责，层层负责，责、权、利相一致。各个层次之间要形成相互制约的机制。另外，管理中人的封闭要重视对领导层、管理层的有效监督机制的建立与完善，发扬民主，注重听取广大群众的意见与建议。

此外，其他资源如资金、信息等在管理系统内要有效运转，同样需要形成封闭的管理。

四、系统原理在社会体育管理中应用的基本要求

1. 局部与整体的结合

局部与整体的结合也就是指在社会体育管理工作过程中,整体是由局部(部分)构成的,整体统筹局部(部分),局部支撑整体,局部行为受整体的约束、支配。因此,需要把二者有机地结合起来,在系统的整体观下建立对局部的描述,然后综合局部的描述以建立整体的描述,即从局部走向整体,从整体走向局部,这是系统研究的基本方法。在社会体育管理中,我们必须在整体规划的前提下,明确分工,在分工的基础上有效地综合。就是从整体上把握系统的目标、所处的条件和所处的环境,从整体着眼、部分着手,统筹考虑,各方协调,达到整体的最优化。

2. 定性描述与定量描述相结合

任何系统都具有定性特性和定量特性,这两个方面相互表现。定量研究一般是为了对特定研究对象的总体得出统计结果而进行的,对被管理系统进行尽可能精确的数量描述,并确定相应量化措施及其作用程度的管理方法。定性研究只对被管理系统的属性和变化趋势进行分析和判断,从而制定相应的管理方法,具有探索性、诊断性和预测性等特点,它并不追求精确的结论,而只是了解问题之所在,摸清情况,得出感性认识。定性研究的主要方法包括:与几个人面谈的小组访问、要求详细回答的深度访问,以及各种投影技术等。在定量研究中,信息都是用某种数字来表示的。在对这些数字进行处理、分析时,首先要明确这些信息资料是依据何种尺度进行测定、加工的,史蒂文斯将尺度分为四种类型,即名义尺度、顺序尺度、间距尺度和比例尺度。

第二节 人本原理

一、人本原理的概念

人本原理的实质就是在管理中以人为根本。人本原理是指一切管理活动均以调动人的积极性、做好人的工作为根本规律的概括。管理的最终目标就是为不断地满足人们的物质需要和精神需要,实现人的全面发展。在管理系统中,人不仅是管理的主体,同时也是管理客体中最主要的因素。各项管理措施和管理手段的运用,首先是作用于人,再通过人来发挥其能动作用,最终协调与其他管理要素的关系。

二、人本原理的理论依据

从管理实践的发展来看，以人为本也是各管理流派基本达成共识的观点。在管理理论的萌芽时期，曾经存在重事轻人与重人轻事的对立观点。被西方管理学者誉为"人事管理之父"的罗伯特·欧文在其管理的企业中进行了改善工作条件、缩短劳动时间的试验。欧文对人的看法，与古典经济学家亚当·斯密的经济人的观点有明显的区别，这种区别很大程度上影响了西方管理的形成和发展。很多管理学家认为，"行为管理理论"是在"古典管理理论"的基础上发展起来的。古典管理理论主张用物质鼓励和严格监督来提高效率，一方面促进了生产力的发展，但利用程度逐渐趋于极限，同时加剧了生产社会化和生产资料私人占有之间的矛盾；另一方面也暴露出，仅靠加强对"物"的管理，并不能缓解生产力和生产关系之间的矛盾。管理学者看到了以物为中心在具体管理实践中暴露出的种种弊端，逐渐趋向于以人为本的管理理念。因此，强调以人为中心、为根本的行为科学管理理论应运而生。

三、运用人本原理应遵循的原则

要在具体的管理实践中正确合理地运用人本原理就必须先了解人本原理的原则。运用人本原理主要把握能级原则、动力原则。

（一）能级原则

能级是现代物理学中的一个概念，表示做功的大小。在现代管理中，机构、法律和人都存在不同的能量。能量有大小，能量大，表示做功的本领就强，能量可以分级，分级就是为建立一定的秩序定的规范和一定的标准。科学的管理就必须建立一个合理的能级对应结构。

要做到能级对应，首先，应按能级层次进行管理。管理系统是分层次的，不同的层次之间具有不同的能量，层次越高，能量就越大，对能力的要求也越高。现代管理要求按能分级，按层管理。正常、稳定的管理机构应当是呈正三角形，一般可分为决策层、管理层、执行层和操作层。

其次，不同的能级应体现出不同的权力、物质利益和精神荣誉，也就是我们所说的责、权、利。如果责任重大，但没有相应的权力和利益，就不能发挥管理者的积极性；如果权力重大，但缺乏相应的责任和利益，必然导致管理者滥用权力，瞎指挥；如果权力和责任都很大，但利益却很小，就容易导致以权谋私、权钱交易等腐败行为。所以，责、权、利三者应有机地结合起来以达到相对统一。

最后，各类能级必须动态地对应。用人必须用其所长，量才用人，才能做到人尽其才，各尽所能。一名奥运会金牌获得者，不一定就是一名好的教练员，更不一定就是一名优秀的社会体育管理工作者。管理者必须做到知人善用，用人之长，避人之短。同时人的能力也是处在不断变化中，岗位的能级要求也是不断变化的。因此，应当允许人们在不同的能级中进行合理的流动，实现能级的动态对应。使不同才能的人处于相应的能级中，使其能量与能级相统一，人尽其才，物尽其用，在管理中获得最佳的效率和效益。

（二）动力原则

管理必须有强大的动力，要善于综合运用各种动力，使管理持续而有效地进行。动力是决定管理效能的具有决定性的因素，它不仅是管理的能源，而且是一种制约的因素，没有强有力的动力，其他原理原则的效能就会受到制约，人的积极性也就会受到制约，难以发挥出来。因此，在管理过程中必须建立有效的激励机制，遵循动力原则，以调动人的积极性、主动性和创造性。

1. 动力的种类

①物质动力：就是以适量的物质刺激来调动人的积极性。由于物质基础决定上层建筑，决定人们的行为、意识，因此物质动力是最基本的动力，它包括工资、奖金、福利等。要有效地发挥物质动力，就要把工作成果与物质利益有机结合起来，按劳分配。但是我们也应当看到，物质动力不是万能的，使用不当也会产生副作用。因此，使用物质动力时，应与其他动力结合起来。

②精神动力：指用精神的力量来激发人的积极性。人都具有一定的精神支柱，总是受一定思想、信仰的支配。因此，一个人的精神状况如何，对其行为影响很大，在一定程度上可以弥补物质动力的不足。精神动力包括诸如树立远大的理想、宗教信仰、爱国主义、受到尊重、组织关心等。在残疾人管理中尤其应注意发挥精神动力的作用。

③信息动力：通过信息的交流而产生的动力。信息动力包括知识性动力、激发性动力和反馈性动力。知识性动力是最基本的动力，掌握的知识越多，越有利于管理工作。激发性动力是最重要的动力，如通过体育比赛来了解运动项目的发展动向，比赛对手的训练和技、战术水平，以此来调整自己的训练和比赛方案。社会体育管理过程中也要多渠道、多途径收集体育信息，进行长期的体育信息交流，不断激发工作的积极性。反馈性动力能使我们随时了解与管理目标的差距，不断地加强控制，以实现管理的目标。

2. 三大动力原则的综合运用

首先，三种动力要综合、协调运用。对于任何管理来说三种管理都是同时存在并且相互联系与区别的，在具体运用过程中，根据实际情况，需要区别对待，以某种动力为主，结合运用其他动力，达到优势互补，扬长避短。

其次，要正确认识和处理个体动力与集体动力之间的关系。个体动力与集体动力在一定程度上是对立的，个体动力得到最大发展，往往集体动力就要受到损失；集体动力得到最大发展，个体动力就要受到抑制。较为理想的是让个体动力在大方向一致的前提下，得到充分发展，以求获得较大的集体动力。如果片面使每个个体在无任何约束条件下充分自由地发展，或者把每个个体动力硬性拨向一个统一的集体方向，其结果都不理想。

最后，要掌握好适宜的动力"刺激量"。刺激量的制定应以调动人们的积极性为标准。必须掌握好"度"的问题。刺激量过大，不利于以后开展管理工作。刺激量过小，又达不到目的。另外，在施加刺激量时要根据管理环境对象等实际情况，做到针对性较强，循序渐进，逐步提高，并且要公开，激发集体的积极性和创造性。

四、人本原理在社会体育管理中应用的基本要求

1. 满足人的生存需要是社会体育管理的基础

现代管理学认为，物质动力、精神动力和信息动力的目的是促进管理系统整体最优化目标发展，使人高效、创造性地完成工作任务。其中，以满足人们生存需要为物质动力，是最基础的方法，离开它，无法达到管理目标的最优化。当然，社会体育管理如仅仅停留在满足人的生存需要这一层次上，是不能完全解决管理的问题的。换言之，满足人的生存需要是进行管理活动的基础，需要人们重视它，解决好这个基础问题，才能促进其他措施的顺利实施。

2. 提升人的精神境界是社会体育管理的重要目标

精神性是人之为人的根本标志问题，也是管理活动中的核心问题。人之所以为人，就在于人有精神，因而就必然有精神方面的需求欲望。研究表明，管理效率、成效，同人的主观动机、思想状态、精神境界等，都成直接的正比关系。人的精神需求得到恰当的满足，精神状态好，精神境界高，则其管理效率就高，成效就大；反之，其管理效率就低，成效也会令人失望，甚至可能产生消极作用，阻碍管理活动的正常开展。因此，在社会体育管理活动中，要以满足人最基本的生存需要为基础，在管理体制、管理方式、管理手段上体现出关注人的心理，重视人的精神需求，尊重人的个性展示与发展，实现人的自信、尊严和价值。这也是社会体育管理发展的必然趋势。

当前，国家运动队如中国女子排球队、中国足球队等去军营进行为期两周的军训活动，还有的运动队举行国旗升旗仪式等活动。为什么要在紧张的训练与比赛中进行这些活动呢？主要是为了整顿队员的思想状态，提高他们的精神境界，为运动队的目标和日常活动管理打下基础。

3. 健全人格，实现人的价值是社会体育管理的内在需求

我们常说，人的力量是无穷的。真正的无穷是被某种精神塑造出来的，被某种目标激发起来的人格所体现出来的震撼力量。如果说，满足人生存需要的诸如衣食住行等物质条

件是人本管理的前提，满足人的社交、尊重、审美等高尚的精神境界是人本管理的根本目的，那么，健全人格，实现人的价值则是人本管理的内在根本标志。因为，人本原理的概括与抽象，是管理实践中对人的决定性作用认可的理论体现。从重物的管理向重人的管理，从重物质激励到重精神鼓励的管理的转变，是管理模式的一次伟大变革。在"经济人"管理时代，谈不上对员工的尊重。因为人在管理活动中的地位和作用是无足轻重的，只是被作为"机器"，"只要给他钱，他就会为你工作"是当时最基本的管理学公式。随着对人主体地位和作用的不断探索与认识，管理者们越来越认识到，人的因素已成为决定不同经济模式和政治管理水平最主要的因素之一。哪里重视人才，拥有人才优势，哪里的管理就会有条不紊！因此，重视人的作用、尊重人格是组织之间竞争，乃至社会发展的决定性动因。所以，健全人格、实现人的价值应是社会体育管理的内在需求。

第三节 动态原理

一、动态原理的概念

一切系统都处在不断变化发展中。管理系统作为目标系统，也呈现动态式的发展、变化。动态原理是指在管理活动中，注意把握管理对象的变化情况，不断调节各个环节，以实现整体目标的规律的概括。由于人力、财力、物力、时间、信息等管理对象处于不断变化、发展之中，因此相应的组织、计划控制、协调等各个环节也必须随着管理对象的变化而变化，动态地适应管理对象的变化，这样才能确保管理目标的实现。

二、动态原理的理论依据

依据的是动态相关性理论，指的是管理系统在发展的过程中，静止的状态是相对的，而运动状态是绝对的。管理系统内部各要素之间既相互联系，又相互制约；既相互依赖，又相互斗争。这种相互作用推动管理系统不断发展，动态原理就是这种规律的反映。

三、运用动态原理应遵循的原则

1. 反馈原则

它是指通过灵敏、准确而有力的信息反馈，达到提高管理效能的目的反馈，是控制论中一个极其重要的概念，是指由控制系统把信息送出去，又将其作用结果返送回来，并对信息的再输出产生影响，从而起到控制作用。

管理过程的实质就是控制，管理若无反馈，就不可能做到正确的调节和有效的控制，更谈不上目标的实现。

应用反馈方法进行控制时，一般会产生两种不同的效果：一是正反馈，指系统的输入对输出的影响增大，系统的输出值与目标值的偏差越来越大，造成系统的运动加剧，导致振荡的反馈；二是负反馈，指系统的输入对输出的影响减小，使系统偏离目标的运动收敛，趋向于稳定状态的反馈。目标管理、模式训练等都属于负反馈，负反馈在社会体育管理中应用得较为普遍。在应用过程中，首先，反馈必须灵敏、准确、有力。面对不断变化的客观实际，管理是否有效，其关键在于是否有灵敏、准确、有力的反馈。要做到感受灵敏，分析正确，调整有力。其次，建立一定的检查与信息反馈制度。如会议制度汇报制度（报表、书面和口头汇报等），定期或不定期检查，年终总结评比等建立反馈机构。现代化的管理，要求反馈系统从指挥中心分化出来，成为一项独立的活动，专门向指挥中心提供各种信息和可供选择的决策方案，供领导决策时选优。

2. 弹性原则

指为了适应客观事物各种可能的变化，必须使管理保持充分的弹性，以保证管理活动的正常运行。管理之所以要保持弹性，是因为管理因素的多样性及其相互关系的复杂性，以及管理难以正确把握所有问题的各种细节，从而要求管理必须留有余地；同时，管理具有不确定性，且有后果问题，要求管理必须保持一定的弹性。

管理弹性包括局部弹性和整体弹性。局部弹性是指在某管理环节，尤其在重要环节上保持可以调节的弹性；整体弹性，即整个系统的可塑性和适应能力。指挥中心在决策问题、发出指令时，必须正确审察下情，既能使下级通过努力确能做到，又留有余地；确保及争取什么应有一定的弹性幅度。要善于正确运用局部弹性和整体弹性。整体弹性比局部弹性有更大的适应性，管理过程中既要注意局部弹性，又要注意整体弹性。

无论局部弹性还是整体弹性都有积极与消极之分。在实践中，我们要注意区分积极弹性和消极弹性，要采用遇事"多一手"的积极弹性，避免遇事"留一手"的消极弹性。

第五章

社会体育管理方法

采用科学合理的管理方法是实现社会体育管理目标的重要途径。合适的管理方法和手段能保证社会体育管理工作科学进行。当前，社会体育管理的方法主要有行政方法、法律方法、经济方法和宣传教育法。

第一节 社会体育管理方法概述

方法通常被认为是为达到一定的目的、完成任务所采用的措施或者途径，从管理过程的实质上分析，就是管理的主体作用于管理对象的实施过程。在此阶段必然要采取相应的手段、措施或者途径，因此所谓管理的方法就是指管理者在实施管理的过程中，为充分发挥其职能所采取的具体方式、手段、措施或途径。

一、社会体育管理方法的概念

社会体育管理方法，是指在从事社会体育活动中，各种能够实现社会体育管理职能和管理目标、保证管理活动顺利进行所采取的手段和途径。它是管理理论的自然延伸和具体化，是实现体育管理目标的具体手段和措施，使用适当的管理方法能有效地发挥体育管理系统的功效。

二、管理方法的分类

从不同的角度分类，管理方法可以区分为许多不同的类型。其中较为常用的方法，就是按照管理方法的内容特征进行分类。从这个角度分类，管理方法可以划分为管理一般手段性方法（如行政方法、经济方法、法律方法、宣传教育方法）与管理技术性方法（如目标管理方法、价值工程法、ABC分析法、网络技术等）。

此外还可以从其他角度来建立管理方法分类体系，如：按照管理方法的适用程度划分为哲学方法、一般方法和具体方法；按照管理对象的范围划分为宏观管理方法（如国民经济管理）、中观管理方法（如部门、地区经济管理）和微观管理方法（如企业管理方法）；按照管理对象性质划分为人事管理方法、物资管理方法、资金管理方法、信息管理方法等；按照管理职能划分为决策方法、计划方法、组织方法、控制方法、激励方法等；按照管理信息沟通的特点划分为权威性沟通方法（如行政方法、法律方法）、利益原则沟通方法（如经济方法、咨询顾问方法）、真理性沟通方法（如宣传教育方法）等；按照所运用方法的定量化程度划分为定性方法和定量方法等。

按决策者的管理方式分类可以分为专制的、民主的和民主集中制的管理方法。专制的方法就是以个别人或个别集团的利益为出发点，强迫管理对象按这些人或这些集团的意志行动。民主的方法就是每个人都可以发表意见，按大多数人的决定办事。民主集中制方法在广泛征求群众意见的基础上，领导者对当前利益和长远利益、局部利益和整体利益做出决定，重大事件是由领导集团集体决定。这种决策体现了大多数人的意愿，又反映了领导者的意志，民主集中制的方法做出的决策能为大多数人乐于接受，又便于整个系统统一行动，这是一种比较完善的管理方法。

对管理方法不同的分类各有其意义，因为从一定意义上说，管理过程就是不同管理方法综合使用的过程，不同的管理方法在管理过程的不同阶段或在同一阶段的不同对象上，发生的作用程度与产生的效果也不同，这就是管理方法的分类极为重要的原因。

三、社会体育管理方法体系

各种体育管理方法之间相互联系就形成了社会体育管理方法体系。根据它的系统性和层次性以及适用普遍程度，一般可以分为三个层次，即哲学方法、一般方法和具体方法。高层次的方法对低层次的方法具有指导作用。

1. 哲学方法

无论使用何种管理方法都需要有正确的指导思想，否则，再好的管理方法也无济于事。马克思主义哲学是辩证唯物主义和历史唯物主义的哲学，是正确反映世界的最一般的发展规律的科学，是科学的真理，是无产阶级的科学世界观。因此，管理哲学方法是关于管理的世界观和方法论，是关于管理主、客体矛盾运动规律的科学。一切管理学说和管理活动都是在一定管理哲学指导下的学说和活动。在社会主义市场经济条件下的现代体育管理的哲学方法是以马克思主义哲学为基础的一系列科学方法，任何管理者也总是自觉或不自觉地在一定的思想观点和方法指导下工作。

2. 一般方法

现代管理的一般方法是在哲学方法的指导下而产生的,是各种具体管理方法的概括。一般分为三种类型:一是定性的方法,主要包括行政方法、法律方法、心理学方法和宣传教育等方法;二是定量方法,主要包括经济方法、数学方法等;三是定性与定量相结合的方法,主要包括系统工程方法、评价方法等。定量的方法往往建立在定性的方法基础之上,定性方法往往以定量的方法分析为前提,定量的方法比定性的方法更为明确。从目前发展的趋势来看,定量的方法在评价中更为实用,但是定量方法不能完全取代定性方法,两者的有机结合可以更好地为管理服务。

3. 具体方法

解决各种具体的体育管理问题而采取的措施。它针对某一问题直接作用于管理对象,具有局部性,同管理的某个职能有关,是体育管理方法体系的最低层次。诸如德尔菲法、头脑风暴法、权重法、网络技术等等。

第二节 行政方法

"工欲善其事,必先利其器",说的就是方法的重要性,在现实生活中人们处理事务,解决问题,开展行政工作就肯定离不开行政方法。全面、准确、系统、深刻地了解行政方法,在处理体育领域中的一些问题能达到事半功倍的效果。

一、行政方法的内涵

我们认为,从哲学的意义上来讲,行政方法本质上是主观与客观的统一,是行政主体作用于行政客体,是行政管理思想转变为行政管理实践的具体体现,体现了人们通过发挥主观能动性,对行政生态环境、行政事务和行政行为本质的、必然的联系把握、总结和概括,即行政中规律性的东西。从实证的意义上讲,行政方法是目标和结果的统一,是架设于行政目标与行政绩效之间的桥梁和通道。只有通过一定的行政方法,才能将假定的行政目标经由一定的系统转换输出为行政绩效。

概括地讲,所谓行政方法,也叫行政管理方法,是指国家行政机关和国家公务员在行政管理过程中为履行行政职能、开展行政工作、完成行政任务、实现行政绩效而采用的各种管理手段、措施、办法、工具、技术、路径的总和。行政方法的程序通常分为发布命令、贯彻实施、检查督促、调节处理四个阶段,具体的表现形式为:命令、决议、指示、规定,以及其他各种行政性文件等。这些文件集中体现了上级机构和领导者的意见和决策,成为下级管理部门进行工作的依据。行政方法的实质是通过行政组织中的职务和职位来进行管理，它特别强调职责、职权、职位而非个人的能力或特权。任何部门、单位总要建立起若干行政机构来进行管理，他们都有着严格的职责和权限范围。由于在任何行政管理系统中，各个层次所掌握的信息绝对是不对称的，因此，才有了行政权威。上级指挥下级，完全是由高一级的职位所决定的。下级服从上级是对上级所拥有的管理权限的服从。

二、行政方法的特点和作用

行政方法作为沟通行政理念、行政价值选择与行政目标、行政政策措施的通道和桥梁，在行政管理学和行政理念实践中都具有极其重要的地位和功能。方法就是规律，方法就是捷径。

（一）行政方法的特点

行政方法实际上就是行使政治权威，它的主要特点如下：

1. 权威性

行政方法所依托的基础是管理机关和管理者的权威。管理者权威越高，他所发出的指令接受率就越高。提高各级领导的权威，是运用行政方法进行管理的前提，也是提高行政方法的有效基础。管理者必须努力以自己优良的品质、卓越的才能去增强管理权威，而不能仅仅依靠职位带来的权力来强化权威。

2. 强制性

行政权力机构和管理者所发出的命令、指示、规定等，对管理对象有不同程度的强制性。行政方法就是通过这种强制性来达到指挥与控制的目的。但是，行政强制与法律强制是有区别的：法律的强制性是通过国家机器和司法机构来执行的，准许人们做什么不准许人们做什么；而行政的强制性是要求人们在行动的目标上服从统一的意志，它在行动的原则上高度统一，但允许人们在方法上灵活多样。行政的强制性是由一系列的行政措施（如表扬、奖励、晋升、任务分配、工作调动及批评、记过、降级、撤职等处分直至开除等）作为保证来执行的。

3. 垂直性

行政方法是通过行政系统、行政层次来实施的。因此基本上属于"条条"的纵向垂直管理。行政指令一般都是自上而下，通过纵向直线下达的。下级组织和领导人只接受一个上级的领导和指挥，对横向传来的指令基本上是不理睬的。因此，行政方法的运用，必须坚持纵向的自上而下，切忌横向传达指令。但是在同级或横向联系上，如体委组织中的计财部门与总务部门之间、体育学院中的教学部门与后勤部门之间等，都容易出现沟通困难、信息传递受阻的弊病，给组织管理系统的发展带来了不良影响。

4. 具体性

相对于其他方法而言，行政方法比较具体。不仅行政指令的内容和对象是具体的，而且在实施过程中的具体方法上也因对象、目的和时间的变化而变化。所以，任何行政指令往往是在某一特定的时间内对某一特定对象起作用，具有明确的指向性和一定的时效性。

5. 无偿性

运用行政方法进行管理，上级组织对下级组织的人力、财力、物力等的调动和使用不讲等价交换的原则。一切根据行政管理的需要，不考虑价值补偿问题。

（二）行政方法的作用

1. 行政方法的运用有利于组织内部统一目标，统一意志，统一行动，能够迅速有力地贯彻上级的方针和政策，对全局活动实行有效的控制。尤其是对于需要高度集中和适当保密的领域，更具有独特的作用。

2. 运用行政方法可以强化管理作用，便于发挥管理职能，没有行政命令就没有权威，没有服从，管理就不复存在，更谈不上管理职能的发挥，正是从这个意义上讲，行政管理对任何一种管理都是必需的。

3. 行政方法是实施其他各种管理方法的必要手段，在管理活动中，经济方法、法律方法、宣传教育方法等要发挥作用，必须经由行政系统的中介，才能具体地组织与贯彻实施。

4. 行政方法便于处理特殊问题，由于行政方法具有时效性强的特点，因此它能及时地针对具体问题发出命令和指示，从而较好地处理特殊问题和管理活动中出现的新情况，比如当环境突然变化，组织需要做出迅速的反应和及时的调整时，采用令行禁止的行政方法，可以迅速排除阻力，有效地解决问题，如体育组织中进行人事调整、运动项目的重新部署、组织机构的改革等，行政方法的这一特点是其他方法所不及的。

三、行政方法的使用范围和局限性

（一）行政方法的使用范围

行政方法是最有效、最直接的管理方法。它的适用范围是最广的，无论是社会管理、军事管理、经济管理，还是科研、文化和教育管理，都离不开行政方法。可以说行政方法是任何管理必不可少的手段。但是由于种种局限性，在管理活动中不能单一地使用它，过分地使用它，要根据具体的事情采用适当的管理方法，在有些场合可能宣传教育的方法比行政方法更为有效，行政方法暂时只能起到辅助的作用，因此在对待具体情况时，必须将各种方法综合起来运用，达到最佳的管理效果。

（二）行政方法的局限性

1. 管理效果为领导水平所制约。由于行政方法更多的是人治，而不是法治，这样，行政命令的指向效果的管理效果很大程度上取决于领导人和执行人的知识、能力、领导艺术和修养等。

2. 不便于分权管理。由于行政方法采用的是指示、命令等强制性方式，因而，管理系统中各子系统的自主权较少，不容易实行分权管理，分权则往往会破坏它的统一性特点。

3. 不便于发挥子系统的积极性。行政方法以集权为主，子系统往往成为被动的执行系统，难以发挥子系统的积极性、创造性，子系统与子系统之间也难以沟通，不容易协调。

4. 信息传递迟缓、易失真。由于行政层次的繁杂，会增加管理程序，沿垂直方向逐级传递信息较迟缓，容易失真，影响工作效率，甚至造成人为的隔阂，妨碍系统、部门、单位间的联系和必要的协作。

四、行政方法应用过程中应坚持的原则

行政原则是行政过程中固有的客观规律的反映和要求，是行政过程中需要遵守的准则，人们对客观规律认识的程度不同，对客观规律和原则的认识，需要有一个逐步提高的过程。行政人员要努力掌握马克思主义的世界观方法论，提高认识水平，这样就能自觉地按客观规律要求进行行政实施，减少失误。

1. 信息原则

在通常情况下，信息越全面、越准确、越及时，那么决策的准确性就越高，出现的失误也就越少，其实在领导实施管理的过程中，就是信息的搜集、加工和变换的过程，行政实施如果没有信息，那将是无源之水。

2. 预测原则

预测是决策的前提，决策是对未来行动所做的一种设想，是对事情在发生以前的一种预先分析和抉择，它有明显的预测性。凡事预则立，不预则废。预测不是臆测，是建立在唯物辩证的基础之上的决策，是具有科学依据的决策。现代社会科技和经济的高速发展，社会生活各方面急剧变化和激烈竞争，人们迫切需要掌握和利用科学的预测，高瞻远瞩，尽量做出正确的预测，避免决策失误。

3. 系统原则

系统性是决策的重要特点之一，马克思主义认为客观物质世界，各种物体都相互联系着，人们的思维也应表现出相应的相互联系性。所以决策应对整体与局部、内部条件与外部环境、当前利益与长远利益、主要目标与次要目标，及其相互关系、相互作用，加以综合分析，然后进行决策，这是遵循决策对象本身固有的规律性的一个体现。行政管理的范围广泛,涉及许多相关的科学领域,越是高层次的决策,其综合性越强,越应坚持系统性原则。当前体育学科的发展已经不单是体育领域所能涵盖的,很多学科已经穿插在一起,更加要用系统的观点来分析问题,在进行某些决策的时候,要考虑的因素很多,要从整体的利益出发。

4. 创新性原则

俗话说创新是一个民族的灵魂,对于决策来说也同样如此,决策总是要改变现在,展望未来,为了缩小现在与期望之间的差距,在面对一些非常规性决策的时候,没有常规可循,往往要当机立断,这时更要勇于创新。在现代社会科技迅猛发展的形势下,创新精神在决策中尤为重要,创新能力强的人,决策的能力就强。做出英明的决策是取得成功的前提。有人曾经说过:不是维护今天,而是要摧毁今天,使今天成为过去,创造一个新的明天。

5. 可行性原则

决策是为了实施,要实施就得具备实施决策的现实条件。决策是否可行,取决于主观、客观许多因素,要认真分析比较,从人力、物力、时间、技术各方面都得到保证。超出现实条件,片面地追求高指标、高速度,再好的决策也只是水中月,镜中花。行政决策必须讲求社会效益、经济效益,因而必须从这些方面进行可行性论证。

6. 择优原则

决策总是在几个方案中进行选择。如果只有一个方案,没有选择,无从优化,不追求优化,就难以做出最好的决策。初拟方案要越多越好,经过筛选至少留下两个方案,本着择优精神,权衡利弊,全面对比,最后择优确定。

» 第三节 法律方法

一、法律方法概述

体育管理的法律方法,是指以法律规范以及具有法律规范性质的各种体育法规为管理手段,调节体育组织内外关系的管理方法。

法律,是由国家制定或认可的,体现统治阶级意志,以国家强制力保证实施的行为规则的总和。法律方法是指国家根据广大人民群众的根本利益,通过各种法律、法令、条例和司法、仲裁工作,调整社会经济的总体活动和各企业、单位在微观活动中发生的各种关系,以保证和促进社会经济发展的管理方法,也就是我们平时说的"法治"。

由于社会关系极为复杂和多样，法律规范的形式与内容也极为丰富，法学上根据法律所调整的社会关系的不同将其分为各个不同的法律部门，并形成相互联系、相互协调的统一的法律联系。在管理的法律方法中，既包括国家正式颁布的法律，也包括各级政府机构和各个管理系统所制定的具有法律效力的各种社会规范。法律方法的内容，不仅包括建立和健全各种法规，而且包括相应的司法工作和仲裁工作，这两个环节是相辅相成、缺一不可的。只有法规而缺乏司法和仲裁，就会使法规流于形式，无法发挥效力，法规不健全，司法和仲裁工作则无所适从，造成混乱。

所谓法律方法是指站在维护法治的立场上，根据法律分析事实、解决纠纷的方法，或者说，它是由成文法向判决转换的方法，即把法律的内容用到裁判案件中的方法。广义的法律方法包括法律思维方式、法律运用的各种技巧和一般的法律方法。法律方法的实质是实现全体人民的意志，并维护他们的根本利益，代表他们对社会经济、政治、文化活动实行强制性的、统一的管理。法律方法既要反映广大人民的利益，又要反映事物客观规律，调动和促进各个企业、单位和群众的积极性、创造性，使社会主义事业在改革的开放中不断发展壮大。

二、法律方法的特点

1. 普遍性

法律方法的普遍性表现在两个方面：一是运用法律手段控制和制约的对象是抽象的、一般的人；二是采用的法律手段使用于一定范围的各种情况并能在同样情况下反复使用，比如，《学校体育工作条例》不仅适用于中小学内体育工作，而且对全国各级各类学校体育工作均具有普遍的约束力。

2. 稳定性

把管理中比较成熟、比较稳定和带有规律性的内容，用立法的形式规定下来，加以强制实施。各项法规的制定，都必须严格地按规定程序进行。同时，由于法规制约的对象是抽象的，如一般人或组织，而不是针对个别的具体人或具体事。因此，可以在同样的情况下反复运用，一经制定就具有稳定性，不能经常更改。

3. 规范性

所谓规范，指人们的行为所必须遵守的一般规则，法律方法是通过制定法规，而不是发布命令来实施管理。它通过法规来告诉人们可以做什么或不可以做什么，应当怎么做或不应当怎么做，并集中体现在各种行为规则上，从而达到调整人际关系，维护管理系统运行秩序以及促使管理活动程序化、规范化，提高效率的目的。在体育领域中，如体育法就是调整人们在体育运动中关系的行为规则，它把体育活动中人们的各种社会关系固定化、制度化、法律化，把人们从事体育活动的行为纳入一定的轨道。

4. 强制性

法律、法规一经制定就要强制实施，各个企业、单位以至每个公民都必须严格执行、毫无例外地遵守。否则，要受到国家强制力量的惩处。法律和法规不能因人而异，必须严格通过执法活动来维护法律的尊严。

三、法律方法的运用

法律方法的使用对于建立和健全科学的管理制度和管理方法有着十分重要的作用。

（一）保证必要的管理秩序

稳定和有序，是任何一个管理系统存在和有规律运行的基础。由于法律具有独特的优势，那就是强制性实施。在法律面前人人平等。运用法律可以把人们的行为和组织活动有效地控制在正常的范围之内，从而使整个管理系统正常有序、自动有效地运转。制度化的轨道，使人们有法可依，有章可循，使管理系统自动有效地运转，既保证管理的效率又节约管理者的精力。在体育管理过程中，存在各种相互关联的经济利益和其他关系，只有通过法律方法才能公正、合理、有效地加以调整，及时排除各种不利因素的影响，保证体育内部各部分的正常运转，达到最优化的组合。在学校体育工作中，有《学校体育工作条例》，可以用来规范教师和学生的日常行为，在竞技体育系统中有《反兴奋剂条例》《世界反兴奋剂条例》等，来规范净化体育的天空。

（二）法律规范的方法有利于调整被管理系统内部各因素的关系

法律的作用在体育领域就是把体育整体的利益和意志以及复杂的关系定位为定型的、普遍使用的规则，它从原则上规定了各级组织的责、权、利的关系，为各级组织在自己的职权范围内发挥作用，提供了重要的准则，同时，也为处理和调节组织与周围有关系统的各种管理关系提供了保障和依据。通过法律和法规的规定对运动员和教练员起到监督、协调和领导的作用。体育领域的各个机构按照法律规定的关系办事，可以有效地杜绝各种不良的事情发生，从而达到调节的目的。

（三）促进管理系统的发展

法律规范能够控制管理系统之间各种不合理的沟通，来保护和促进合理的沟通，建立一种稳定的、正常的管理秩序，并在即使出现矛盾时也能保证及时有效地调节。因此，正确运用法律手段，不仅能提高管理活动的效率，而且能增加管理系统的功效，不断地推动和促进管理系统自身的发展。加强管理法治建设、坚持运用法律手段，可以得到长期性的综合效应。在出现问题时及时解决、及时加强和完善法规的内容，使其更加全面。

第四节 经济方法

经济方法在人类管理中是最经常使用的方法之一，经济方法是根据客观经济规律，运用各种经济手段，调节各种不同的经济利益之间的关系，以获得较高的经济效益与社会效益的管理方法。这里所说的各种经济手段，主要包括价格、税收、信贷、工资、利润、奖金、罚款以及经济合同等。不同的经济手段在不同的领域中，可发挥不同的作用。

一、经济方法的特点

1. 对被管理方发生作用的间接性

行政方法和法律方法都是直接作用于管理客体的管理手段，而经济方法不同，它是通过利益机制引导被管理者去追求某种利益，间接影响被管理者行为的一种管理方式，这种利益引导而非强制的方法，使管理者的行为具有自愿和选择的余地，有助于调动被管理者的主动性与积极性。如运动项目承包、推行经济责任制、物质奖励等经济方法的运用等，并不能直接干预人们的行为方式，而是通过对人们的价值取向和行为的引导、激励，达到调动积极性、提高工作效率的目标。

2. 灵活性

经济方法的灵活性主要表现在两个方面：一方面，经济方法针对不同的对象，可以采用不同的方式。例如对于调整企业之间、企业与国家之间的关系，可以用税收和贷款等方式；对于调整企业与个人、国家与个人之间的关系，可以采用工资、奖金等形式。另一方面，对于同一对象，在不同的条件下可以采用不同的方式来进行管理，以适应不同的情况与形势。例如在某些时期可以通过增加税收来限制某一产业的发展，而在另外一些时期又可以通过减少税收来鼓励这一产业的发展。

3. 信息接收率高

由于经济方法是通过引导被管理者的自觉行为达到管理目的，并且经济利益对人们的敏感性很强，能引起人们普遍的关注和重视，因此经济方法传达出的管理信息接收率就比较高。

4. 平等性

经济方法承认被管理的组织或个人在获取自己的经济利益上是平等的，社会按照统一的价值尺度来计算和分配经济成果，各种经济手段的运用对于相同情况的被管理者起同样的效力，不允许有特殊，无论对于何种角色、何种地位的人，在尺度的判定上都是相同的。

5. 关联性

在体育管理中运用经济方法，不仅影响面宽、涉及的因素多，而且每种经济手段的变化都会影响着体育系统内部多方面的连锁反应。例如，对于不同层次的体育竞赛中获奖的运动员、教练员的奖励问题，体育场馆的承包机制，等等。因此，在管理中运用经济手段，应把握具体管理对象的特殊性质，注重未来发展的预测，使经济方法发挥其应有的作用。

二、经济方法的正确运用

经济方法与其他方法一样，必须正确运用才能发挥其价值。

1. 要注意经济方法和教育方法等有机结合起来综合使用

人们除了物质需要以外，还有更多的精神和社会方面的需要，在现代生产力迅速发展的条件下，物质利益的刺激作用将逐渐减弱，人们更要接受教育，以提高知识水平和思想修养。再者如果单纯地使用经济方法，易导致讨价还价，"一切向钱看"的不良倾向，易助长本位主义、个人主义思想。所以必须结合教育方法，搞好精神文明建设。

2. 既要发挥各种经济杠杆各自的作用，更要重视整体上的协调配合

如果忽视综合运用，孤立地运用单一的杠杆，往往不能取得预期的效果。例如，价格杠杆对生产和消费同时有方向相反的调节作用。提高价格还可以促进生产，却抑制消费。但在经济生活中有些产品具有特殊的性质，因而，仅凭单一的价格杠杆就难以奏效，必须综合运用一组杠杆。

三、经济方法的主要作用

1. 有利于提高经济效益

体育管理的经济方法，其实质上围绕物质利益，运用各种经济手段正确处理国家、集体、个人三者之间的经济关系，最大限度地调动各方面的积极性、主动性和创造性，从经济利益上激发人们的责任心，鼓励人们在工作过程中不断节约成本，提高效益。在此基础上，使集体与个人的经济利益也得到一定的满足，从而调动人们的积极性。

2. 有利于强化管理职能

经济方法这一作用，具体表现为管理机构能通过各种经济手段，来制约下级机关和被管理者的工作，将他们的经济利益与承担的任务相联系，进行赏罚。由于采用了这一强有力的管理措施，管理主体能有效地发挥指挥、控制和协调等职能。

3. 有利于适当分权

由于运用经济方法采用了经济制约，这就给管理客体拥有相应的自主权创造了条件，从而有利于适当分权。管理的主体就不必担心下级组织或个人由于缺乏应有的经济利益而对工作持消极态度。相反，管理客体还会主动利用下发的权利，在工作中积极完成任务。这样，管理主体就可减少一些行政监督事务。

4. 有利于客观地检查管理效果

由于运用经济方法，其管理效果是通过各项经济指标反映出来的，因此具有客观性的特点。因而经济方法有利于客观、公正地评价管理效果，调动人们工作的积极性。

第六章

社会体育管理体制

社会体育管理体制是社会体育管理的机构设置、权限划分、运行机制等方面的体系和制度的总称，是实现社会体育总目标的组织保证。一个国家或地区的社会体育管理体制往往受该国或地区的政治、经济、文化以及国家制度、历史传统等多方面因素的影响。社会体育管理体制可以是自然发育形成的，也可以是人为选择设计形成的，还可以是以上两种方式结合而成的。本章对我国社会体育管理的机构设置、管理制度、运行机制等内容进行探讨。

第一节 社会体育管理体制概述

合理设计社会体育的组织结构，协调好各管理部门之间、部门与最高指挥者之间以及部门与下属单位之间的关系，是社会体育能否良性运转和健康发展的重要因素。因此，探讨社会体育管理体制的性质、组织体系、管理制度等问题，对于推动社会体育管理工作的发展具有重要意义。

一、社会体育管理体制的概念

（一）社会体育管理体制的含义

社会体育管理体制，是社会体育管理的机构设置、权限划分、运行机制等方面的体系和制度的总称。它是实现社会体育管理总目标的组织保证，是在国家政治、经济体制的大环境规范下产生和发展的。它直接受国家政治、经济体制的约束，同时又根据它自身的特殊性而有所侧重和改变。

由于利益主体的不同及社会体育本身的商业和服务功能，决定了社会体育管理体制的双重属性。即一方面，以为了保证经营性群众体育组织的合法权益为目的；另一方面是以为了保证社会公益性群众体育组织的合法权益为目的。由于社会体育组织的目的不尽相同，因此其管理体制也有所不同。

（二）社会体育管理体制的类型

管理体制的重要因素之一就是责、权、利的分配和归属。权力和利益的归属决定了社会体育及其管理体制的性质和形态。根据管理过程中权、利的归属，世界各国社会体育管理体制可分为以下三种类型。

1. 政府管理型

政府管理型体制即由政府或大部分由政府设立专门机构管理社会体育的体制类型。政府管理型体制的特点是政府的权力高度集中，并采用行政的方式从宏观到微观等各个层次进行全面管理。政府管理型体制主要存在于一些社会主义国家，如苏联、东欧各国及古巴、朝鲜等，我国在体育管理体制改革之前也采用政府管理型体制。政府主导型管理体制的优点是有利于强化领导、集中调配、统筹兼顾社会体育的工作。这种方式在中华人民共和国成立初期的历史条件下，集中运用较为有限的体育资源，为开创新中国的体育事业立下不可磨灭的功绩。但政府在高度集权的同时也带来了很多弊端，在决策时不可避免地带有主观意识，从而影响着决策的正确性和及时性，在一定程度上造成社会力量资源的浪费，降低或抑制社会组织对体育的参与和支持，因而最终会限制社会体育的发展。随着国家经济、政治改革和文化、社会的发展，特别是实行市场经济体制以来，政府管理型体育管理模式不仅不符合国际社会的潮流，而且有悖于我国的国情，已大大不适应我国体育改革与发展的要求，更与建立现代体育管理制度相左。

2. 社会管理型

社会管理型体制即社会体育的工作主要由各种社会体育组织进行管理的体制类型。政府一般不设立专门的社会体育管理机构，政府对社会体育事务很少介入和干预。即使在介入和干预时，也常常是采用经济、法律等手段间接地进行。在多数采用社会管理型体制的国家中，管理权力分散于各种社会体育组织中，因而又可称之为分权型体制。例如美国的社会体育管理体制就是比较典型的分权型体制。

在美国联邦政府中，不设专门的体育管理部门，政府不制定体育政策，而且极少直接资助体育。美国"总统健康与运动委员会"实际上只是一个促进大众体育的咨询机构。在社会体育的组织或筹资上不起实质性作用。但是，在美国联邦政府中有70多个机构或多或少地管理着与大众体育有关的休闲资源，其中最主要的是内政部国家公园服务处与森林服务处。

在一部分采用社会管理型体制的国家中，政府指定一两个社会体育组织行使社会体育管理权力。在这种情况下，社会体育管理权限相对集中，行使权力的组织虽然带有半官方的性质，但本质上仍是具有法人资格的独立社会团体，如日本的财团法人日本体育协会。日本的行政管理为三级管理体制，即中央政府、都道府县政府和市区町村政府，与此相适应，日本体育管理体制中，政府管理系统和社会团体管理系统均分为三级管理。日本的社会体育就是通过这样一个金字塔形的管理体制得以振兴和发展的。此外，新加坡的体育理事会、西班牙的最高体育理事会等也属于这种情况。

3. 结合型

结合型体制即由政府和社会体育组织共同管理社会体育的体制类型。政府设有专门的社会体育管理机构，或指派几个有关的部门负责管理社会体育。政府对社会体育实行宏观管理，即制定方针政策，发挥协调、监督的职能。社会体育组织在政府的宏观管理下，负责社会体育的业务管理，如制订项目发展规划、各种规章制度，组织活动和比赛等。

世界大多数国家采用这种管理体制，如英国、德国、韩国、加拿大等国家。在这些国家政府中，一般都设有专门的社会体育管理部门，负责协调各体育社会团体之间的关系，对社会体育进行宏观管理。但整个社会体育的发动、领导和组织均由各级体育联合会和遍布全国城乡各地的体育俱乐部具体实施。体育社会团体和体育俱乐部与政府之间只存在财政补助与监督方面的关系，其内部实行民主管理，不受政府制约。

结合型体制有利于发挥政府的主导作用和鼓励社会对体育的支持和参与，但在权限划分和利益分配方面可能会存在一定的争端和困难。事实上，由于结合型体制是一个大体处于中间状态的类型，结合型中有的偏重于政府管理型，有的偏重于社会管理型，相互间存在极大的差异。

二、社会体育管理体制改革目标

作为社会体育改革发展的组织、推动和实施者，我国体育行政部门自身的行政管理体制及运行机制的合理性和有效性如何，它对社会体育发展所做的制度安排的合理性和有效性如何，将会直接影响和决定我国社会体育健康持续发展的实现程度。在今后相当长的一段时期内，我国仍将处在体制转轨、结构转换、观念转变的社会巨变中。我国社会体育事业不仅要面对人口多、底子薄，经济和科技教育文化落后的国情，还要面临一场传统与现代、落后与进步、保守与开放的艰苦较量。我国国情注定了中国特色"渐进式"改革道路的重要性及必要性。因此，我国社会体育管理体制的改革也必将只能在实践中发展、完善并最终巩固。

我国社会体育管理体制的最终目标是建立一套与我国经济社会与体育事业发展相适应、具有中国特色的管理体制与运行机制，这是一种国家调控、依托社会，自我发展，充满生机与活力的发展模式，其本质上属于政府与社会共建的结合型管理体制。近期我国社会体育管理体制的发展目标是，尊重社会体育管理体制的差异性，根据不同地域、不同经济发展水平、不同体育发展状况以及不同所有制形式等状况，探索并选择适宜的社会体育管理模式，建立多样化的与客观环境相适应的社会体育管理体制。

三、社会体育管理体制改革内容

当前，我国社会体育管理体制仍呈现出较为典型的政府型管理体制，社会力量明显不足，新的模式尚在探索中。1998年政府机构改革以来，为适应日益增长的全民健身需求，各级社会体育政府管理体制进行了有益的改革与调整。但一些县（区）级体育行政部门与文化、教育等部门合并后，由于没有及时做好行政职能调整，体育管理权力过于集中于县体委，没有或缺乏与社会组织的横向联系，仅简单依靠行政手段推行体育工作。这使得体委事务缠身，加之经费短缺，对县级体育管理的效能不高，难以满足群众对体育的客观需求。例如，2001年中国群众体育现状调查结果表明，体育协会在社会体育的组织管理中正在逐步发挥作用，但所占比重依然很小。由于人们受传统观念的影响，仍然对体育行政部门有很大的依赖性，因此体育社团"半官半民"的性质无多大改观，体育社团尚未形成自身的良性运行机制。体育协会在社会体育方面的工作还有待提高，体育协会自身的宣传和管理职能还有待加强。另外，除了各行业系统协会的数量有所增加外，其余体育社团数量保持稳定或有下降的趋势，这与社会体育社会化的目标有一定距离。

1986年4月，原国家体委发出了有关体育体制改革的第一份正式文件，即《原国家体委关于体育体制改革的决定（草案）》。1993年在原国家体委《关于深化体育改革的意见》中，提出了中国体育改革的总目标，即："改革原来在计划经济体制下，过分依赖国家和主要依靠行政手段办体育的高度集中的体育体制，建立与社会主义市场经济体制相适应，符合现代体育运动规律，国家调控，依托社会，自我发展，充满生机和活力的体育体制和良性循环的运行机制，形成国家办与社会办相结合的格局。"结合国务院出台的《全民健身条例》（中华人民共和国国务院令第560号）、《国务院关于加快发展体育产业促进体育消费的若干意见》（国发〔2014〕46号）等政策文件，我国社会体育管理体制改革的主要内容体现在以下三个方面。

（一）逐步实现社会体育组织的实体化

当前我国大部分社会体育组织仍依赖于政府，"半官半民"的性质无多大改观，社会体育组织尚未形成自身的良性运行机制。在"精简、统一、效能"的原则下，政府体育管理部门的工作重点需要转移到调查、研究、制定和执行宏观调控职能上来。体育行政部门从"办体育"向"管体育"转变，发挥领导、协调、监督和服务的作用。要加强中华体育总会、中国奥委会的建设，提高中华体育总会的规格，按国际奥委会章程重新组建中国奥委会，使其在中国体育事业发展中发挥重要作用。实行单项运动协会实体化，将以前有名无实的各单项协会逐步改组为具有法人资格的社会团体并负责各自项目的发展和主要业务管理。实体化的单项运动协会既是中华全国体育总会的团体会员,又是国家体育总局的事业单位。他们在各自项目的业务管理上兼有部分行政职能,在人事和财务方面,由国家体育总局管理。

推行政社分开、政企分开、管办分离,加快推进体育行业协会与行政机关脱钩,将适合由体育社会组织提供的公共服务和解决的事项,交由体育社会组织承担。充分发挥各级工会、共青团、妇联、各行业和社会各界办体育的积极性,按照"小政府,大社会"的模式处理体育行政部门和体育社团的关系,有效改变体育社团对体育行政部门的隶属和依赖关系,逐步将有条件的社会体育社团与行政部门剥离,实现其组织实体化。

(二)加速社会体育的社会化管理

社会化是一个相对性概念,社会化的核心,就是在政府的领导下,动员和引导各有关部门、各行业系统、各群众组织,都要对本部门、本行业、本系统、本组织的人群的体质与健康负起责任来,共同发展社会体育事业。不仅体育行政部门要管,而且教育、卫生、文化等部门要管,园林、市政、规划等部门也要管。社会体育的社会化旨在解决政府把发展社会体育事业的事情全部包下来,统统管起来的问题,而不是把发展社会体育事业的事情统统推给社会。社会化不是无组织的社会化,而是在政府领导下推进的社会化。

社会体育的社会化管理是我国体育改革中最早提出的目标之一,我国为了实现这一目标采取了一系列措施。例如,制定《全民健身计划纲要》《全民健身条例》《国务院关于加快发展体育产业促进体育消费的若干意见》等国家政策,进一步调动社会各方面支持体育、参与体育的积极性。倡导健身娱乐体育,鼓励社会体育消费,在政策上对体育娱乐给予扶植,并逐步将福利型社会体育改造成消费型体育。与各行业主管部门合作,建立各行业、系统体育协会等。

(三)推进社会体育的产业化

产业化是一个相对性概念,体育产业化是为改变体育完全依靠国家拨款的政府管理体制的有益尝试。政府通过计划、财政等手段,只满足亿万人民群众对于体质与健康方面的基本需求,而不是全部需求。因为满足亿万人民群众的全部体育需求是不可能的。因此,对于人们多样化的体育需求,只能靠市场去满足。对于公益性的社会体育组织,也可以借助产业经营的管理观念、管理方式,提高公益事业的社会效益,提升他们自我生存、自我发展的能力,更好地满足亿万人民群众的公共体育需求。

发展体育产业的前提条件是引导消费,培育社会体育市场。当前,要完善健身消费政策,通过政府购买服务等多种方式,积极支持群众健身消费,鼓励公共体育设施免费或低收费开放,引导经营主体提供公益性群众体育健身服务。鼓励引导企事业单位、学校、个人购买运动伤害类保险。进一步研究鼓励群众健身消费的优惠政策。各级政府要结合城镇化发展统筹规划体育设施建设,合理布点布局,重点建设一批便民利民的中小型体育场馆、公众健身活动中心、户外多功能球场、健身步道等场地设施。要积极兴建适合并方便群众活动的小型多样的体育场地并发挥现有体育场馆作用，采用经营型管理以吸引群众的体育消费。充分利用郊野公园、城市公园、公共绿地及城市空置场所等建设群众体育设施。鼓励基层社区文化体育设施共建共享等。

四、社会体育管理体制改革趋势

目前我国社会体育管理体制正在向政府与社会结合型体制过渡，我国社会体育组织的力量虽然得到一定的加强，但政府社会体育行政部门在社会体育管理中仍发挥着重要的作用。这种状况在现阶段我国体育社会团体发育尚不完善，自身运行机制尚未形成的情况下，具有一定的合理性。但从长远来看，随着我国社会体育新型运行机制的建立和政府机构的改革和职能转化，政府将越来越多地负起宏观调控、协调、监督、引导的责任，而将社会体育的实际操作交给社会各有关主体，特别是各级各类体育社会组织去承担。随着体育改革的深化，我国社会体育将出现政府宏观协调，各级体育总会管理，各体育协会和群众社团具体操作的网络型组织结构。目前活跃的晨晚练点、辅导站，将同各种体育俱乐部一起被纳入体协的组织系统，成为体协的基层组织单元。群众体育社团，将不再徒有虚名，将真正成为我国群众体育组织体系的主体。

第二节 社会体育管理组织系统

所谓组织机构，是指由专职人员组成的、专门从事某一工作的专业部门。我国现行社会体育的组织机构系统包括宏观、中观和微观三个层次，其中宏观和中观管理系统由社会体育政府管理系统和社会管理系统共同组成，它的微观管理系统由体育活动点、辅导站和俱乐部构成。

一、政府管理系统

（一）政府专门管理系统

政府专门管理系统是由政府体育行政管理系统中各级社会体育管理机构组成，是社会体育管理的主系统。《中华人民共和国体育法》第一章总则第四条规定："国务院体育行政部门主管全国体育工作。国务院其他有关部门在各自的职权范围内管理体育工作。"因此，县级以上的各级政府都设立相应的体育组织领导机构管理体育工作，这样就形成了一个专门的政府管理社会体育的组织系统。

1. 国家体育行政部门

国家体育总局是国务院直属机构，是我国最高的体育行政部门，主管全国的体育工作，统领国家体育事业的发展。社会体育事业的发展由国家体育总局进行总体规划和部署。国务院赋予国家体育行政部门关于社会体育的职责主要包括：研究制定社会体育工作的政策法规和发展规划，并监督实施；负责全国的全民健身工作，推行全民健身计划，举办全国性群众体育比赛活动，指导群众性体育活动；实施国家体育锻炼标准，定期进行全民健身活动状况调查，开展国民体质监测工作；加强对社会体育指导人员队伍的建设，完善分级管理的制度体系；促进公共体育设施的建设，加强对公共体育设施的管理和保护，充分发挥公共体育设施的功能，使其更好地为社会体育事业的发展服务。

国家体育总局群众体育司专职群众体育工作，其主要职能有：研究和拟定群众体育工作的有关政策、法规和发展规划，并监督实施；研究和拟定推行《全民健身计划纲要》的有关规划、计划并组织实施；组织并监督实施国家体育锻炼标准，开展全民体质监测工作；指导和推动学校体育、农村体育、城市体育及其他社会体育的发展；组织实施社会体育指导员技术等级制度；加强对业余训练和各类体育学校的宏观指导，推动其发展；组织实施总局对全国群众体育和全民健身工作的表彰鼓励；负责对中国体育彩票公益金用于实施全民健身计划部分的规划、分配和监督；负责对中华全国体育基金会全民健身专项基金的管理；承办总局交办的其他事项。

国家体育总局青少年体育司专职青少年体育工作，其主要职能有：指导和推进青少年体育工作，拟订青少年体育工作的有关政策、规章、制度和发展规划草案；指导和监督学生体育健康标准的实施和学生体质监测；指导和推动青少年体育服务体系建设；组织开展青少年体育工作检查监督和评估表彰；指导竞技体育高水平后备人才培养工作；拟定青少年业余训练管理制度，完善青少年业余训练体系，指导全国各级各类体育运动学校、体育传统项目学校、青少年体育俱乐部、各运动项目后备人才基地建设和有关学生文化教育工作；承办总局交办的其他事项。

此外，在国家体育总局下还设有社会体育指导中心（属于事业编制），承担部分社会体育项目和社会体育指导员的管理工作。

2. 地方体育行政部门

在我国，社会体育是由地方政府具体管理的。各省、市、自治区都设有体育局（有的地方是文体局、文教局），其下一般都设有群体处、青少年处，专门负责当地的群众体育及青少年体育工作，有的地方还设有社会体育指导中心（或社会体育管理中心）。

地方各级体育行政部门受上级体育行政部门在业务上的指导，同时受该级人民政府在人事、财务等方面的行政领导。政府专门社会体育管理系统的基层机构是县及县级市体育局，近年来，在政府机构改革中，一些县（市）体育局已与教育或卫生部门合并，但仍设专人负责体育工作。各级体育行政机构中都设置了主管社会体育的专门机构，并配备了一定的专、兼职社会体育干部。

县级以上地方各级人民政府体育行政部门或本级人民政府授权的机构。县级以上地方各级人民政府体育行政部门是指由省、自治区、直辖市，地级市、地区、自治州、盟，县、市辖区、县级市、自治县、旗等人民政府设置的体育局或体育与其他部门合署办公的机构，如文化体育局、教育体育局等。这类体育行政部门主管本行政区域内的体育工作，包括社会体育工作。这类体育行政部门中一般设有群众体育处或群众体育科或群众体育股等职能部门，或在业务部门中设专人负责社会体育工作。本级人民政府授权的机构依法具有主管本行政区域内体育工作的权力。本级人民政府授权的机构是指在我国一些地方，主要是县级政府机构改革后，有些县级人民政府不再设立体育行政部门，而将原有的体育行政部门转变为事业单位或体育社会团体。但本级人民政府仍然授权这些单位行使主管本行政区域内体育工作的行政职权。

根据相关法律法规的授权或规定，县级以上地方各级人民政府体育行政部门的主要职责包括：负责实施同级地方人民政府制订的本行政区域的全民健身实施计划，定期对全民健身计划实施情况进行评估；在全民健身日组织开展健身指导服务，积极宣传科学健身知识；根据社会体育指导员分级管理的规定，负责本行政区域内社会体育指导员的管理工作，加强社会体育指导员队伍建设；对本行政区域内的公共体育设施实施监督管理，保证社会体育活动能顺利开展；对于高危险性体育项目经营活动，应当依法履行监督检查职责，以确保群众的安全。

本级人民政府授权的机构依法具有主管本行政区域内体育工作的权力。本级人民政府授权的机构是指在我国一些地方，主要是县级政府机构改革后，有些县级人民政府不再设立体育行政部门，而将原有的体育行政部门转变为事业单位或体育社会团体，但本级人民政府仍然授权这些单位行使主管本行政区域内体育工作的行政职权。这是我国行政体制改革中出现的新的行政机构形式。

街道办事处被区（市辖区，不设区的即为市）人民政府授权主管辖区社会体育工作和组织实施辖区社会体育活动。街道办事处可成立以街道办事处行政领导挂帅、辖区内各有关单位参加的社会体育组织，设立相应的部门管理体育工作，配备专职社会体育指导员。作为基层政府，由市辖区及不设区的市人民政府设立的派出机关——街道办事处，是城市管理的基础层次，可以代表该级政府管理其辖区内的各项事务。街道办事处负有开展群众性体育活动、增强当地人民体质的政府职责。在实施全民健身计划的过程中，我国很多街道成立了以街道办事处领导带头的全民健身领导小组等机构——具有行政性的体育组织。街道办事处可充分利用辖区内的场地、设施、人才等各类资源，组建锻炼小组、健身指导站、体育俱乐部、体育协会等体育组织，并指导其开展建设和管理工作，组织内容丰富、形式多样的体育健身活动，举办辖区内群众体育竞赛活动，等等。

由于我国法定体育行政部门设在县级以上政府，乡级政府不设立体育行政部门，因此，为了发展当地的体育事业，各地根据实际情况建立了不同类型的体育组织。这些基层体育组织或代表乡镇政府行使体育管理职权，或作为乡镇政府的助手，组织协调当地体育工作，开展群众性体育活动，成为我国农村体育的重要组织力量。

（二）政府非专门管理系统

我国《全民健身条例》（中华人民共和国国务院令第560号）第一章总则第五条规定："国务院体育主管部门负责全国的全民健身工作，国务院其他有关部门在各自职责范围内负责有关的全民健身工作。"县级以上地方人民政府主管体育工作的部门（以下简称体育主管部门）负责本行政区域内的全民健身工作，县级以上地方人民政府其他有关部门在各自职责范围内负责有关的全民健身工作。

国务院其他有关部门在各自的职权范围内管理体育工作，其中包括社会体育工作。这类管理有两种类型：一种是国务院有关部门按照国务院体育行政部门的统一部署，直接管理本部门的体育工作。比如教育部主管学校体育工作，它可以组织教育系统内部的全国性群众体育比赛活动，设置多个比赛项目进行比赛，并对成绩优异的个人或集体予以表彰，这对强化本系统工作人员的健身意识、调动他们的精神积极性，以及间接推动全民健身运动具有重要影响。国家民族事务委员会负责少数民族体育工作；农业部、铁道部、公安部等负责本行业的体育工作；另一种是国务院有关部门在自己职权范围内开展与体育有关的业务管理工作。比如民政部依法对全国性体育社会团体进行登记和管理；公安部依法对群众性体育活动中的治安问题进行管理；国家工商行政管理局、国家税务总局对体育经营问题和税收问题依法进行管理等。

县级以上地方各级人民政府的其他有关部门。县级以上地方各级人民政府的其他有关部门的情况，与上述国务院其他有关部门的情况类似，比如教育、民族、农业、公安等部门各自负责管辖行政区域内本行业的体育工作。而民政、公安、工商、税务等部门负责开展与体育有关的业务管理工作。

乡、民族乡、镇政府的其他有关部门。乡、民族乡、镇人民政府作为我国最基层的人民政府，对领导和管理本行政区域内的体育工作负有责任。《中华人民共和国体育法》规定"乡、民族乡、镇政府随着经济发展，逐步建设和完善体育设施"。当前我国很多乡、民族乡、镇政府，包括城市街道办事处，都将社会体育工作列入政府工作内容，指定某一职能部门或人员负责社会体育工作。

二、社会管理系统

(一) 社会专门管理系统

我国现有社会体育组织主要有各级体育总会、单项体育协会、行业体育协会和各种人群体育协会，以及各类基层社会体育组织等。

1. 各级体育总会

各级体育总会包括中华全国体育总会和县级以上地方体育总会，是体育工作者的群众性体育组织，是在民政部门登记的体育社会团体。中华全国体育总会是全国群众性体育组织，成立于1952年。各省、自治区、直辖市体育总会，全国性单项体育协会，全国性行业系统体育协会，中国人民解放军的群众性体育组织可以申请加入中华全国体育总会，成为其团体会员。省、自治区、直辖市，地级市、地区、自治州、盟，县、县级市、区、自治旗、旗，都可以成立地方体育总会。目前，县级以上地方基本成立了体育总会。各级体育总会中一般都设立群众体育部门，负责社会体育工作。在各级体育总会的宗旨中明确提出：联系、团结广大体育工作者，努力发展体育事业，普及群众体育运动，提高全民族身体素质；促进社会主义物质文明和精神文明建设；为建设有中国特色的社会主义服务。在各级体育总会的任务中明确提出：要宣传和推动群众性体育活动的开展，大力促进体育改革；通过体育活动对广大人民群众特别是青少年进行教育，培养优良品德。各级体育总会作为党和政府联系体育工作者的纽带和发展体育事业的助手，在党和政府的领导下，经过多年的建设，形成了包括中央、省、地、县体育总会的组织结构，在配合各级体育部门推动社会体育事业发展，实施全民健身计划过程中，发挥了积极作用。

2. 单项体育协会

单项体育协会是指按运动项目组成的群众性，是在民政部门登记的体育社会团体。在我国，作为中华全国体育总会的团体会员，单项运动协会具有宣传和推动本项目群众性体育运动开展，促进体育社会化，举办各种比赛和体育活动的职责。省级、地级、县级的很多地方也设立了单项运动协会，并设立了专门的办事机构和人员。各个运动项目协会的章程都规定了要组织广大群众和青少年参加本项目活动，普及该项运动。单项运动协会所包括的项目是奥运会项目或大型竞赛活动的非奥运会项目。全国性单项运动协会包括田径运动（以下省略"运动"一词）、游泳、体操、技巧、赛艇、皮划艇、射击、射箭、自行车、帆船帆板、摩托艇、滑水、水下、航空、足球、篮球、排球、乒乓球、羽毛球、网球、软式网球、手球、曲棍球、棒球、垒球、高尔夫球、保龄球、台球、地掷球、围棋、象棋、国际象棋、桥牌、举重、摔跤、柔道、拳击、击剑、马术、现代五项、滑冰、滑雪、冰球、雪车、雪橇等运动项目协会。田径、篮球、足球、乒乓球、门球、棋类等运动项目协会，在基层比较普遍。

3. 行业体育协会

各行业体育协会是各行业体育工作的主管部门，也是中华全国体育总会的团体会员，我国的行业体育协会大多属于各行业直属事业单位。各行业体育工作由其主管部门负责，是社会体育改革和体育社会化的一项重要政策性措施。行业体协不仅具有较完善的组织系统和经验丰富的体育干部队伍，而且具有雄厚的经济实力，较好的体育场地设施条件，通过行业体协组织领导本行业的体育工作，易于管理、协调，便于开展活动。因此是推动社会体育工作不可忽略的力量。

目前全国性的行业体育协会有火车头、金融、石油、煤矿、前卫、中建、林业、地质、机械、邮电、石化、航天、航空、中汽、化工、中科院、兵器、建设、交通、电子、冶金、水利、电力船舶、民航（筹备）、轻工（筹备）、内贸（筹备）等体育协会。全国性的系统体育协会有农民、残疾人、老年人、少数民族、大学生、中学生、中国技工学校等体育协会。

4. 人群体育协会

各人群体育协会是为了满足不同人口群体开展社会体育活动的需要而成立的体育社会组织，如老年人体育协会、农民体育协会等，它们在组织不同人群的体育活动中也发挥着特有的作用。

5. 传统体育项目协会

传统体育项目协会是指按我国传统体育项目组成的群众性业余体育组织，是在民政部门登记的体育社会团体。这些协会的职责主要是在群众中推广、普及该项运动。成立全国性传统体育项目协会的包括轮滑运动（以下省略"运动"一词）、龙舟、毽球、风筝、钓鱼、信鸽、冬泳、太极拳、舞龙舞狮等项目。传统体育项目协会在各地比较普遍，并且发挥了很好的作用。

6. 街道社区体育协会

街道办事处作为市或市辖区政府派出机构，是城市管理的基础层次。街道办事处负有开展群众性体育活动、增强当地人民体质的政府职责。街道办事处不设立体育行政部门，因此，以街道办事处为依托的社区体育协会（或称街道体育协会）应运而生。目前，我国大多数街道成立了社区体育协会，这是最普遍的基层体育组织。此外，还有依托某一区域管理机构或驻地实力和条件优越的企事业单位的地区体育协会，依托住宅区管理机构的居住小区体育协会等。这些群众性的基层体育组织，作为街道办事处、区体育行政部门或某些机构行政的助手，负责组织、协调和管理当地社会体育工作。在实施全民健身计划的过程中，我国很多街道成立了以街道办事处领导带头的全民健身领导小组等机构，是具有行政性的体育组织。

7. 乡镇体育协会

乡、民族乡、镇政府是我国农村基层政府。由于我国法定体育行政部门设在县级以上政府，乡级政府不设立体育行政部门，为了发展当地的体育事业，各地根据实际情况建立了依托乡镇政府的乡镇体育协会或乡镇体育总会等。这些基层社会体育组织负责组织协调当地体育工作，开展群众性体育活动，成为我国农村体育的重要组织力量。

8. 基层单位体育协会

基层单位体育协会是指我国基层企业、事业、机关单位的体育协会，是群众性业余体育组织。基层单位体协由单位工会具体组织领导。它的任务是在单位内部开展体育宣传活动，吸引和组织职工经常参加体育锻炼，活跃职工业余生活，提高职工健康和运动技术水平。1981年，全国总工会和国家体委联合发布了《基层厂矿、企业、事业、机关体育协会章程（试行）》。这种遍布我国基层单位的体育组织，曾经对发展我国职工体育发挥了巨大的推动作用。在新形势下，通过对职工体育的改革和探索，我国基层单位体育协会将继续发挥其重要作用。

9. 体育指导站

体育指导站是指在当地体育行政部门或街道、乡镇政府的领导或指导下，开展群众性体育活动的体育组织。体育指导站一般有三种职能：一是组织的职能，即吸引和组织体育爱好者前来参加体育活动；二是指导的职能，即对前来参加体育活动的体育爱好者进行体育指导；三是阵地的职能，即为活动者提供场地，并保持体育活动的科学、健康、文明。体育指导站包括一般性体育指导站和单项性体育指导站。比如在一些城市中成立的航天模型运动指导站就属于单项性体育指导站。较为普遍的是有固定的体育设施或依托公园、广场等建立的体育指导站。有固定的体育设施，有的地方也被称为体育指导中心、体育活动中心。这类体育组织设施条件、人员规模、指导能力、管理水平有较大的差异。条件好的体育指导站，有自己的体育场地设施，有专门的管理和指导人员，有固定的活动项目，类似文化站。文化站是文化行政部门所属的事业单位。有些地方则与文化站合在一起，建立了文化体育站或文化体育中心，与文化部门一起开展文化体育活动。相对于体育指导站来讲，比其更基层、规模更小、条件更简陋、更松散的体育组织形式是晨（晚）练点，或者称体育指导点，它的性质与职能、体育指导站类似，这是我国城乡最基层的指导群众体育活动的体育组织。

10. 青少年体育俱乐部

为了落实《全民健身计划》二期工程"群众体育以青少年为重点"的指导思想，使广大青少年学生参加科学、文明、健康的课外活动具备良好的条件，同时为培育社会组织的力量，充分利用和挖掘现有的社会体育资源，国家体育总局结合发达国家经验和我国实际情况，自 2000 年起使用体育彩票公益金，依托现有的学校、体校、体育场馆、社区、基层单项运动协会创建了"青少年体育俱乐部"这种组织形式。根据国家体育总局的创建要求，青少年体育俱乐部是使用体育彩票公益金扶持创办的，是试点单位利用自己所拥有的体育场馆、人才等社会体育资源，建立起来的一种新型的社会化青少年体育组织。它具有社会主义公益性特征，是今后国家倡导并引导发展的旨在广泛开展青少年体育活动的社会组织。

（二）社会非专门管理系统

1. 人群协会

某些社会组织虽然不是专门的社会体育组织，但它们下设体育部门，如工会、共青团、妇联、残疾人联合会等都设有社会体育的机构，或由专、兼职人员负责社会体育事务的管理。

工会、共青团、妇联、残疾人等社会团体作为某一部分人群的群众性组织，与这些人群有着密切的联系并能够对他们产生较大的影响。同时，这些社会团体具有完善的组织系统，从中央到地方，以至于很多机关、企业事业单位都有自己健全的组织机构，这就为在其中开展体育活动提供了组织保障。再者，这些社会团体对本团体成员的体质与健康负有一定的责任，应当组织其成员开展体育活动。《中华人民共和国工会法》规定："工会会同行政方面……组织职工开展文娱、体育活动。"从全国总工会到地方各级工会，从行业工会到基层单位工会，普遍设立职能部门或人员负责职工体育工作，积极开展职工体育活动。共青团也同工会一样设立职能部门或人员负责青年体育工作。全国残疾人联合会和部分地方残疾人联合会也通过残疾人体育协会，开展残疾人体育活动。

2. 村（居）委会

在我国农村，村民委员会是村民自我管理、自我教育、自我服务的群众性自治组织，其任务与居民委员会类似。并且《中华人民共和国体育法》也明确规定："农村应当发挥村民委员会、基层文化体育组织的作用，开展适合农村特色的体育活动。"我国数以十万计的村民委员会，必将对农村体育发展产生巨大的推动作用。

在我国城镇，居民委员会作为我国城市社区中最基层的群众性居民自治组织，对社区的管理发挥着直接的不可忽视的作用。按照居民委员会组织法规定，居民委员会具有"自我管理、自我教育、自我服务"三种职能，其任务包括办理本居住区的公共事务和公益事业，开展包括体育活动在内的社会主义精神文明建设活动。《中华人民共和国体育法》明确规定："城市应当发挥居民委员会等社区基层组织的作用，组织居民开展体育活动。"这就使居民委员会开展居民体育活动的职责更加明确。我国数以万计的居民委员会，对居民体育发展发挥着越来越大的作用。

第三节　社会体育管理制度

社会体育管理制度是为规制社会体育工作开展而制定的法律、行政法规、章程、规定、规范等的总称。社会体育管理制度属于正式制度，制定主体包括人民代表大会、国家机关、社会团体、企事业单位等具有法人资格的组织。在社会体育管理制度中，宪法是最高层面的制度。

一、社会体育管理制度的概念

（一）社会体育管理制度的含义

新制度经济学的主要代表人物诺斯认为："制度是一系列被制定出来的规则、守法程序和行为的道德伦理规范。"我国学者林毅夫认为："制度可以定义为社会中个人所遵循的行为规则。"体育管理体制中的组织机构及其职能，都是通过各项制度加以形成和履行的。据《辞海》解释，制度是指要求成员共同遵守，按一定程序办事的过程。根据制度的性质，可以将制度分为正式制度和非正式制度。严格来讲，被官方或法律授权的制度都属于正式制度，其余的都属于非正式制度。

管理学领域的制度（管理制度）是国家机关、社会团体、企事业单位等管理主体，为了维护正常的工作秩序，保证国家各项政策的顺利执行和工作的正常开展，依照法律、法令、政策而制定的具有法规性或指导性与约束力的文案，它是各种行政法规、章程、规定、规范等的总称。可见，管理制度属于正式的制度范畴。

社会体育管理制度是为规制社会体育工作开展而制定的法律、行政法规、章程、规定、规范等的总称。社会体育管理制度的制定主体包括人民代表大会、国家机关、社会团体、企事业单位等具有法人资格的组织。在社会体育管理制度中，宪法是最高层面的制度。随着我国社会体育日益成为一项独立的社会事业，国家不断加大对体育事务进行干预和管理，从而在国家的法制体系中出现了专门化的社会体育法规制度。

（二）社会体育管理制度的分类

1. 根据社会体育管理制度制定主体划分

根据社会体育管理制度制定主体的不同，社会体育管理制度大致可以划分为以下类型。

（1）全国人大制定的制度，如《中华人民共和国宪法》《中华人民共和国体育法》。

（2）国务院（中央人民政府）制定的制度，如《全民健身条例》《公共文化体育设施条例》《全民健身计划纲要》《关于加强青少年体育增强青少年体质的意见》等。

（3）国务院有关部门制定的制度，《如健身气功发展规划（2013—2018）》《"十二五"公共体育设施建设规划》《学生体质健康标准（试行方案）》《国民体质监测工作规定》《国民体质测定标准施行办法》《体育类民办非企业单位登记审查与管理暂行办法》《社会体育指导员管理办法》等。

（4）地方人大制定的制度，如《天津市全民健身条例》《成都市体育经营活动管理条例》《广东省体育设施建设和管理条例》等。

（5）地方政府制定的制度，如《西安市室外公共场所健身练功活动管理暂行办法》《深圳市退役运动员就业安置办法》《长沙市体育市场管理暂行办法》等。

2. 根据社会体育管理制度的效力等级划分

根据社会体育管理制度的效力等级，社会体育管理制度大致可以划分为以下类型。

（1）宪法。

（2）法律（狭义的）。

（3）国务院行政法规和其他规范性文件。

（4）国务院部门规章和其他规范性文件。

（5）地方性法规和其他规范性文件。

（6）地方性规章和其他规范性文件。

二、社会体育管理制度的基本内容

（一）《中华人民共和国宪法》

《中华人民共和国宪法》（以下简称《宪法》）是全国人大通过的中华人民共和国根本大法，其层次高于法律、法规、法规性文件、规章。

《宪法》以明确的法律条文保障公民参加体育活动的权利，充分体现了国家对体育工作和人民身体健康的重视和关心。《宪法》第二十一条规定："国家发展体育事业，开展群众性的体育活动，增强人民体质。"这明确说明了我国体育事业的性质，强调了体育的本质功能，确立了社会体育在整个体育事业中的重要地位。《宪法》第四十六条还规定："国家培养青年、少年、儿童在品德、智力、体质等方面全面发展。"《宪法》中关于公民体育体育活动的法律规定，既是我国各级政府特别是各级体育行政部门开展全民健身活动法律依据，又是法律赋予全体公民依法参与体育健身活动的权利。各级政府必须依法维护公民健身活动的合法权益。

（二）《中华人民共和国体育法》

目前，在体育法规中，称之为法律（狭义的）的只有《中华人民共和国体育法》（以下简称《体育法》）。《体育法》是中华人民共和国第一部由国家权力机关制定的体育法律，它明确了公民参与健身活动的基本规范，是我国发展体育事业的基本纲领和总章程，是我国开展体育工作的基本法律依据。法律仅次于《中华人民共和国宪法》，属于高层次立法。《体育法》中关于社会体育的规定如下：

1. 对社会体育目的任务的规定

《体育法》对社会体育的目的和任务的规定："增强人民体质，提高运动技术水平，促进社会主义物质文明和精神文明。"《体育法》对发展体育事业的目的和任务的规定，也包括对发展社会体育事业的目的和任务的规定。发展社会体育事业不仅仅是增强人民体质，还包括提高社会体育的运动技术水平，促进社会主义物质文明和精神文明建设。同样，发展竞技体育事业也不仅仅是提高运动技术水平，还包括增强人民体质，促进社会主义物质文明和精神文明建设。

2. 对社会体育的工作方针的规定

《体育法》规定了"国家发展体育事业，开展群众性的体育活动，提高全民族身体素质"的基本方针，确立了发展体育事业是国家和各级人民政府的责任，国家和各级人民政府是发展体育事业的主体。同时，规定了"体育工作坚持以开展全民健身活动为基础，实行普及与提高相结合，促进各类体育协调发展"的工作方针，确定了社会体育工作在体育事业中的基础地位，明确了社会体育、学校体育和竞技体育应协调发展。另外，《体育法》规定："国家坚持体育为经济建设、国防建设和社会发展服务。体育事业应当纳入国民经济和社会发展计划，国家推进体育管理体制改革。国家鼓励企业事业组织、社会团体和公民兴办和支持体育事业。"这既规定了发展体育事业坚持"三个服务"的方针，又规定了国家发展体育事业所要遵循的基本要求，即纳入国民经济和社会发展计划，推进管理体制改革，国家与社会共同兴办。《体育法》对体育方针的规定也是对社会体育方针的规定，是社会体育必须遵循的。

3. 对社会体育基本制度的规定

《体育法》在《社会体育》专章中规定："国家推行全民健身计划，实施体育锻炼标准，进行国家体质监测。国家实行社会体育指导员技术等级制度，社会体育指导员对社会体育活动进行指导。"这规定了我国社会体育实施的基本法规制度，包括《全民健身计划纲要》，国家体育锻炼标准、国民体质监测制度和社会体育指导员技术等级制度，为社会体育发展提供了基本法规制度保障。

4. 对公民参加社会体育活动责任的规定

《体育法》规定："国家提倡公民参加社会体育活动，增进身心健康。"这不仅确定了国家对公民的体育责任，而且从法律上赋予公民享有参加社会体育活动的充分自由，享有身心健康得到增强的体育权利。为了保障公民身心健康得到增进，《体育法》还进一步规定"体育工作坚持以开展全民健身活动为基础",确定了开展全民健身活动不仅在社会体育工作中而且在整个体育工作中的基础地位。同时规定"地方各级人民政府应当为公民参加社会体育活动创造必要的条件,支持、扶助群众性体育活动的开展"。还对国家机关、企业事业组织、工会等社会团体、居民委员会和村民委员会等开展体育活动的责任做了规定。

为了体现国家对公民的体育责任,《体育法》规定了"社会体育活动应当坚持业余、自愿、小型多样,遵循因地制宜和科学文明的原则";规定了"社会体育指导员对社会体育活动进行指导";规定了"对青年、少年、儿童的体育活动给予特别保障";规定了"鼓励、支持民族、民间传统体育项目的发掘、整理和提高";规定了"各级人民政府应当采取措施为老年人、残疾人参加体育活动提供方便"。

5. 对社会体育资金投入和公共体育设施建设责任的规定

《体育法》一方面规定了县级以上政府对体育事业发展要有资金投入,"县级以上各级人民政府应当将体育事业经费、体育基本建设资金列入本级财政预算和基本建设投资计划,并随着国民经济的发展逐步增加对体育事业的投入";另一方面动员和倡导社会向体育投入,"国家鼓励企业事业组织和社会团体自筹资金发展体育事业,鼓励组织和个人对体育事业的捐赠和赞助",多渠道多形式筹措体育事业发展资金,增强体育财力。同时对体育资金管理做了规定,特别规定"任何组织和个人不得挪用、克扣体育资金",这些规定都包括社会体育。

《体育法》对政府在公共体育设施的规划、建设、使用和保护等方面的责任做了规定。关于规划和建设,规定:"县级以上地方各级人民政府应当按照国家对城市公共体育设施用地定额指标的规定,将城市公共体育设施建设纳入城市建设规划和土地利用总体规划,合理布局,统一安排。"同时规定:"城市在规划企业、学校、街道和居民区时,应当将体育设施纳入建设规划。乡、民族乡、镇应当随经济发展逐步建设和完善体育设施。"关于使用和保护,规定"公共体育设施应向社会开放,方便群众开展体育活动","任何组织和个人不得侵占、破坏公共体育设施"。对于因特殊情况需要临时占用体育设施的,"必须经体育行政部门和建设规划部门批准,并及时归还"。对于按照城市规划改变体育场地用途的,"应当按照国家有关规定,先行择地新建偿还"。同时规定,对于侵占、破坏公共体育设施的违法行为,"构成犯罪的,依法追究刑事责任","违反治安管理的,由公安机关依照治安管理处罚条例的有关规定给予处罚",对于没有构成犯罪和违反治安管理的"由体育行政部门负责限期改正,并依法承担民事责任"。

6. 对体育社会团体、社会体育专门人才和体育健身经营活动责任的规定

体育社会团体作为人民参与体育管理的重要组织形式,《体育法》规定:"国家鼓励、支持体育社会团体按照其章程,组织和开展体育活动,推动体育事业的发展。"同时规定:

"全国性的单项体育协会管理该项运动的普及与提高工作。"表明单项体育协会同时肩负着在公民中普及该项运动和提高运动技术水平的双重任务。

对于社会体育专门人才的培养，在实施社会体育指导员技术等级制度，培养社会体育骨干队伍的同时，《体育法》规定"国家发展体育专业教育，建立各类体育专业校、系、科"，培养"从事群众体育等方面的专业人员"，为社会体育输送高级专门人才。

对于以体育健身、体育竞技等为内容的经营活动，《体育法》规定"县级以上人民政府体育行政部门"，"应当按照有关规定加强管理和监督"，保障正常的市场秩序，促进体育产业发展。

《体育法》作为体育的基本法，是整个体育法规体系的核心和基础。在《体育法》颁布和实施后，与之配套的体育法规才能逐步建立，整个体育法规体系才有可能在此基础上不断完善起来。《体育法》的颁布，对社会体育法规制度体系的建立和完善起到了基础性促进作用。

（三）其他法规制度

1.《全民健身条例》

《全民健身条例》（国务院令第560号，以下简称《条例》）于2009年8月30日公布，并于2009年10月1日起施行。《条例》是我国第一部全面、系统规范全民健身事业发展的国务院专门性行政法规，对全民健身管理机制、全民健身计划、全民健身活动、全民健身保障以及法律责任等做了明确规定。制定并施行《条例》，是我国全民健身事业法制化、规范化的重要标志，是加快全民健身事业科学发展、建立全民健身长效化机制的重要举措，是满足人民群众体育健身需求、促进体育事业协调发展的重要保障。《条例》突出了政府发展全民健身事业的责任，着力于解决影响我国全民健身事业发展的重大问题，充分反映了党和政府关注民意、改善民生、对提高中华民族健康素质和人民群众生活质量的高度重视，体现了以人为本的执政理念和全心全意为人民服务的宗旨。

贯彻实施《条例》，是推进全民健身事业全面协调可持续发展的重要保障。各级政府和有关部门要高度重视，切实加强组织领导，自觉把贯彻实施《条例》工作摆在重要位置，按照《条例》要求，制订切实可行的工作计划，分解工作任务，制定工作目标。全民健身是一项功在当代、利在千秋的社会事业，涉及的部门多，各部门、各单位、各行业要从提高全民族身体素质和健康水平的大局出发，相互配合、尽职履责，努力形成工作合力。各级体育部门要按照《条例》的规定，切实担负起协调、组织、监督和检查的责任，建立健全各项管理制度和办法，与各有关方面一道，保证《条例》的贯彻工作落到实处，取得实效。

2.《关于加快发展体育产业促进体育消费的若干意见》

2014年10月20日，国务院发布《关于加快发展体育产业促进体育消费的若干意见》

（国发〔2014〕号，以下简称《意见》）。《意见》指出，要加快政府职能转变，进一步简政放权，并将全民健身上升为国家战略。《意见》把增强人民体质、提高健康水平作为根本目标，提出的营造健身氛围、倡导健康生活等多项举措，将在未来影响每一个积极投身运动健身的人。《意见》中关于社会体育方面的表述归结如下：

（1）鼓励社会力量建设小型化、多样化的活动场馆和健身设施，政府以购买服务等方式予以支持。在城市社区建设15分钟健身圈，新建社区的体育设施覆盖率达到100%。

（2）政府机关、企事业单位、社会团体、学校等都应实行工间、课间健身制度等，倡导每天健身1小时。

（3）积极推动各级各类公共体育设施免费或低收费开放，加快推进企事业单位等体育设施向社会开放。

（4）以足球、篮球、排球三大球为切入点，加快发展普及性广、关注度高、市场空间大的集体项目，推动产业向纵深发展。对发展相对滞后的足球项目，制订中长期发展规划和场地设施建设规划，大力推广校园足球和社会足球。

（5）大力支持发展健身跑、健步走、自行车、水上运动、登山攀岩、射击射箭、马术、航空、极限运动等群众喜闻乐见和有发展空间的项目。以冰雪运动等特色项目为突破口，促进健身休闲项目的普及和提高。

（6）加强体育运动指导，推广"运动处方"，发挥体育锻炼在疾病防治以及健康促进等方面的积极作用。

3.《国家体育锻炼标准施行办法》

《体育法》规定，"国家推行全民健身计划，实施体育锻炼标准，进行体质监测。国家施行社会体育指导员技术等级制度，社会体育指导员对社会体育活动进行指导"。

作为中华人民共和国的一项基本体育制度，"国家体育锻炼标准"走过了50多年的历程。它在引导全国人民，特别是广大青少年积极参加体育锻炼，培养科学锻炼习惯，提高身体素质，促进人的全面发展等方面，发挥了重要作用。

《国家体育锻炼标准施行办法》是国家对青少年儿童的基本体能要求，目的在于鼓励广大青少年自觉积极地锻炼身体，促使身体正常发育和全面发展，增强体质，为培养德、智、体全面发展的现代化建设人才服务，为提高我国运动技术水平打下基础。

《国家体育锻炼标准施行办法》按性别和年龄分组：儿童组9～12岁（小学3～6年级）；少年乙组13～15岁（初中）；少年甲组16～18岁（高中）；成年组18岁以上（大学）。各组测验项目和标准均有不同。达标等级分及格、良好、优秀3级。在规定期限内，参加者达到所属年龄组的测验标准时，由批准机关授予国家统一颁发的证书和证章。

4.《公共文化体育设施条例》

2003年6月18日国务院第12次常务会议通过、2003年6月26日国务院令第382号公布了《公共文化体育设施条例》，2003年8月1日起施行。

该条例设总则、规划和建设、使用和服务、管理和保护、法律责任、附则6章，共34条，明确了公共体育设施的性质及其服务宗旨，重点规定了公共体育设施建设的规划、资金、用地保障和选址、设计要求，公共体育设施的使用、服务规范，以及公共体育设施的管理、保护等主要制度和措施，以及具体严格的法律责任，明确了政府的责任，并对相关部门也提出了具体的要求。《公共文化体育设施条例》以国务院行政法规的形式颁布实施，对于加强公共体育设施的建设，充分发挥公共体育设施的功能，满足人民群众的体育健身需求，促进全民健身活动的广泛开展，具有十分重要的意义。

5. 国民体育锻炼标准制度

为了推动群众性锻炼活动的开展，在20世纪50年代国家推行《劳动与卫国体育制度》的基础上，20世纪60年代以后逐步改为《体育锻炼标准制度》。1990年，经国务院批准，原国家体委发布了再次修改的《国家体育锻炼标准施行办法》，使《国家体育锻炼标准》成为一项具有广泛群众基础的基本体育制度。《体育法》关于"实施体育锻炼标准"的规定，进一步确立了这一制度的法律地位。

为进一步推动广大群众健身锻炼，不断完善国家体育锻炼标准制度，教育部和国家体育总局于2002年制订了《学生体质健康标准（试行方案）》并发布了实施办法，规定该标准是《国家体育锻炼标准》的组成部分，是《国家体育锻炼标准》在学校的具体实施。军队和公安部门也按《国家体育锻炼标准施行办法》的要求，结合行业特点制定了相应的体育锻炼标准。为了推动其他人群实施国家体育锻炼标准，国家体育总局等八部委于2003年发布了《普通人群体育锻炼标准（试行）》（体群字〔2003〕42号）及其实施办法，使我国的《国家体育锻炼标准》制度日趋完善。

为促进各个运动项目在群众中的普及推广和锻炼运用，1999年5月，国家体育总局下发了《关于在全民健身活动中推行业余运动员技术等级标准的通知》（1999年5月11日国家体育总局公布），并在此前后分别出台了田径、健美操、篮球、举重、象棋、登山、游泳等项目的业余或大众锻炼等级标准的规范性文件。

6. 国民体质测定与监测制度

为了指导群众科学地了解自身的体质状况，促进群众性健身活动的开展，原国家体委于1994年开始组织力量，进行部分人群体质测定标准的研制工作。在1995年颁布的《全民健身计划纲要》中，专门规定了实施体质测定制度，制定体质测定标准的任务。1996年，原国家体委发布了《中国成年人体质测定标准施行办法》，使国民体质测定工作逐步在全国城乡开展起来。成年人体质测定标准适用于18~60周岁的男性人群与18~55周岁的女性人群，由体育行政部门会同有关部门、团体组织基层单位施行。2003年7月4日，国家体育总局与教育部、国家民委、民政部、劳动和社会保障部、农业部、卫生部、国家工商总局、全国总工会、共青团中央、全国妇联共同发布《国民体质测定标准施行办法》（体群字〔2003〕69号），使我国的国民体质测定制度不断得到完善。

我国从20世纪70年代末就开始逐步开展了大、中、小学生体质监测工作，在全民健身事业的发展中，国民体质测定工作越来越受国家的重视。《体育法》明确规定"进行体质监测"，《全民健身计划纲要》也规定要定期公布全民体质状况。在对1997年原国家体委组织全国部分地区开展的成年人体质监测工作进行经验总结的基础上，2001年，国家体育总局会同其他10个部委，联合发布了《国民体质监测工作规定》。该法规规定，各级体育行政部门组建国民体质监测中心，形成全国的监测网络，负责监测工作的具体组织运行。2000年，我国首次组织了全国性的国民体质监测工作，这标志着国民体质监测制度开始走上正轨。

这些制度属于我国高层次社会体育管理制度体系，并仅占其中的一部分。此外，我国地方各级政府也制定了关于社会体育管理的各种制度，它们共同构成了我国社会体育管理的制度体系。

第七章

全民健身背景下的社会体育资源管理

社会体育人力、物力、财力、信息资源是直接的社会体育管理对象。通过对这些资源的整合，充分发挥它们在发展社会体育事业中的作用，最大化提高它们的使用效率，是体育管理的重要任务。

第一节 社会体育人力资源管理

社会体育人力资源包括各体育行政部门、体育企事业单位、体育社会团体组织中的社会体育干部，各级各类社会体育指导员，社区、居民小区、街道和村镇居民中的社会体育骨干和积极分子，社会体育活动中心、体育俱乐部等组织中的从业人员，活跃在不同社会体育领域内的体育志愿者等。社会体育人力资源管理是指通过一定方式整合资源，以发挥社会体育人力资源的作用，促使社会体育目的实现的过程。社会体育人力资源管理的基本内容包括职位分析与设计、人力资源规划、人员招聘与选拔、绩效考评等。社会体育人力资源管理的基本方式包括对人力资源的培育、开发、配置和利用。

一、社会体育人力资源的含义

（一）社会体育人力资源的含义

资源是人类赖以生存发展的物质基础，任何社会活动的开展和活动目标的实现，都是人、财、物等资源投入的结果。人力资源是指在一定时空条件下存在的，能够推动经济和社会发展的劳动力的现实和潜在的禀赋。"人力"的最基本方面包括体力和智力，如果从现实的应用形态来看，则包括体质、智力、知识和技能四个方面。

人力资源是社会经济发展的根本源泉，社会经济发展归根结底取决于人的发展。总而言之，现代社会中所面临的各种竞争与挑战是人才的竞争和挑战。人力资源是一种居于主体地位的、能够推动物质资源并主动适应物质资源的能动性资源。它是技术进步的载体，并且是具有能动性的载体。人力资源实质上是一种人的劳动能力，是人类用于生产产品或提供服务的体力、智力、技能和知识。人力资源的载体是人，人具有自然和社会属性。因此，人力资源不仅是一种自然力，还是一种社会力。人力作为自然力，与风力、水利、机械力一样是有限的，但他们组成特定的社会组织，使每一个成员在组织中发挥各自的作用。组织对其活动加以协调，这样便产生一种合力，使个体的能力变成群体的能力，转化为社会力量。

所谓社会体育人力资源是指对社会体育的发展有推动作用的人员的现实及潜在禀赋的总和。这些人员的现实及潜在禀赋主要包括人的素质、知识和能力等方面。由于社会体育是一项涵盖面极为广泛、层次极其丰富的大众社会文化活动，具有参与人员构成复杂、参与动机千差万别、活动形式丰富多彩、活动范围地域辽阔、参加体育活动自觉自愿等特点。随着社会主义市场经济的发展，体育市场的形成又给它带来了新的时代特点，这就要求社会体育管理者，在整个管理活动过程中，要充分认识到社会体育管理所具有的管理目标多样性、管理系统复杂性、管理边界模糊性和管理体制社会性等主要特点。根据社会体育发展的要求和目标，按照社会主义市场经济发展规律，切合实际地制定管理的具体目标，灵活运用管理手段，调动社会体育活动主体——人力资源参与社会体育的积极性、主动性、创造性，提高社会体育工作的综合效益。

（二）社会体育人力资源的分类

1. 按照从事或参与的工作及活动性质划分

根据当前我国从事或参与社会体育领域工作人员的工作及活动性质，社会体育人力资源可以分为以下几类：

（1）社会体育行政管理人员。社会体育行政管理人员主要是指在各级政府部门从事与社会体育工作有关的人员。其主要职责是制定社会体育的法规政策、发展规划、工作计划及各项管理制度等；依法管理群众体育机构、企业、组织的活动；实施行政审批工作；实行奖惩制度；开展国民体质监测工作；开展群众体育宣传教育和科学研究活动；等等。

（2）社会体育事业单位工作人员。社会体育事业单位工作人员是指在各级社会体育事业单位中从事与社会体育工作有关的人员，这部分人力资源构成我国社会体育组织管理工作的重要管理力量。他们的主要职责如下：制订社会体育事业发展计划和策略；支持和援助各类社会组织的体育活动和发展；组织和开展大型体育活动；接受行政委托，实施社会体育管理职能；开展体育科学普及活动和体育骨干培训活动；等等。

（3）体育社会组织工作人员。体育社会组织工作人员主要包括各社会体育项目协会、人群协会、系统协会、社会团体（工会、共青团、妇联），以及社会体育活动中心等公益性组织中的体育管理人员等，这部分人力资源构成我国社会体育组织管理工作的社会力量。

随着体育社会化的发展，这部分资源必将对我国社会体育的发展发挥更加重要的作用。

（4）社会体育产业组织从业人员。社会体育产业组织从业人员主要包括在各类体育健身中心、俱乐部、协会等社会体育产业组织中从事生产、经营及开发活动的从业人员。例如，体育企业家、体育经纪人、职业社会体育指导员等，其主要职责是健身咨询和处方服务、运动设施服务、健身指导服务、运动产品营销服务等。他们在社会体育组织管理活动中，具有组织和引导的功能，是社会体育活动组织管理的辅助重要力量。其活动满足了消费者的健身、娱乐、休闲等需求，对社会体育的发展起到了良好的推动作用。

（5）社会体育志愿组织服务人员。社会体育志愿组织服务人员主要包括社区、居民小区、街道和村镇居民中的社会体育志愿服务人员。如公益性社会体育指导员、社会体育志愿者、积极分子及热心人士等，他们是目前及今后我国开展群众体育组织管理工作重要的志愿服务人力资源。

（6）社会体育科研及教育工作者。社会体育科研及教育工作者主要包括科研单位中社会体育的研究者及各大专院校从事社会体育教学和科研的教师等，他们是社会体育发展中必不可少的一支重要力量。

2. 按社会体育人力资源的活动特点分类

按照体育人力资源的活动特点可把社会体育人力资源分为理论型人力资源、实践型人力资源和综合型人力资源。

（1）理论型人力资源。社会体育理论型人力资源是指以现代科学理论为基础，进行群众体育决策、社会体育教育、社会体育科研等工作的人力资源。比如社会体育行政管理者、从事社会体育理论教学和科研的教师及科研工作者等。

（2）实践型人力资源。社会体育实践型人力资源是指自身参与到健身运动中，具有较高健身技术水平并切实对群众健身进行指导的人力资源，这类人力资源主要包括实践型的社会体育指导者。

（3）综合型体育人力资源。综合型人力资源是指既有较高的群众体育健身指导水平，又有较强的科学研究能力和较高的理论知识水平的人才，是较全面的综合型人力资源。

二、社会体育人力资源管理的含义

社会体育人力资源管理是指通过一定方式整合资源，以发挥社会体育人力资源的作用，促使社会体育目的实现的过程。一切管理均以调动人的积极性、主动性、创造性，做好人的工作为根本。社会体育人力资源的管理问题，涉及整个社会体育工作的顺利开展和社会体育总目标的实现。在社会主义市场经济体制确立，体育市场逐步形成和完善的条件下，社会体育人力资源，特别是社会体育人才的数量和质量及其科学管理水平，已成为决定我国社会体育发展、体育事业总目标顺利实现的关键因素，具有特别重要的意义。

（一）发展社会体育事业，实现体育总目标的迫切需要

"发展体育运动，增强人民体质"是我国体育事业发展的总目标。我国《宪法》中关于"国家发展体育事业，开展群众性的体育活动，增强人民体质"的规定，更进一步确定了我国体育事业发展的根本方向，确立了开展群众性体育活动，增强全国各族人民的体质是我国体育工作的基本任务。1995年我国又先后颁布实施了《体育法》《全民健身计划纲要》《奥运争光计划纲要》，反映了我国到20世纪末乃至更长时期体育事业的发展方向、发展目标、发展规模和发展水平。要实现既定的目标，保证社会体育事业的全面顺利发展，不仅要调动一切社会体育活动主体积极参与社会体育活动，增加体育人口，更需要通过各级各类社会体育专门人才，对社会体育的人力资源进行科学、有效的管理。通过体育市场机制实现社会体育人力资源的优化配置，最大化地发挥社会活动主体在社会体育活动中的作用。

（二）构成社会体育资源管理系统的中心环节

对社会体育人力资源，特别是各类社会体育人员中较为先进，且具有创造性的社会体育人才的管理，是社会体育管理的中心环节。无论是社会体育的各项业务管理，还是对不同类别社会体育管理对象的管理，都离不开人，都直接或间接地涉及对人的管理。社会体育活动主体的积极性、主动性、创造性的高低及其作用发挥的大小，将直接影响着整个社会体育资源管理系统功能的发挥。因此，从根本上说，社会体育人力资源管理，特别是社会体育专门人才的管理，是整个社会体育资源管理的中心环节。

（三）属于各级社会体育管理者的首要任务

社会体育的一切管理活动和业务活动，都离不开人的具体操作，在社会体育人力资源的管理过程中，不论是高层次决策者，还是基层管理者，只有重视各级各类社会体育人力资源的科学管理，始终讲究用人之道，善于选人、用人、惜人、聚人，充分调动社会体育人力资源的积极性、能动性，才能够高效能地完成各项社会体育的工作任务。

三、社会体育人力资源管理的基本内容

（一）职位分析与设计

对社会体育组织各种职位的性质、结构、责任、流程，以及胜任该职位工作人员的素质、知识、技能等，在调查分析所获取相关信息的基础上，编写出职务说明书和岗位规范等人事管理文件。

（二）人力资源规划

把社会体育人力资源战略转化为中长期目标、计划和政策措施，包括对人力资源现状

分析、未来人员供需预测与平衡，确保社会体育组织在需要时能获得所需要的人力资源。

（三）人员招聘与选拔

根据人力资源规划和工作分析的要求，为社会体育组织招聘、选拔所需要人力资源并录用安排到一定岗位上。

（四）绩效考评

对组织成员在一定时间内对体育组织的贡献和工作中取得的绩效进行考核和评价，及时做出反馈，以便提高和改善组织成员的工作绩效，并为组织成员培训、晋升、计酬等人事决策提供依据。

（五）薪酬管理

薪酬管理包括对基本薪酬、绩效薪酬、奖金、津贴及福利等薪酬结构的设计与管理，以激励组织成员更加努力地为社会体育组织工作。

（六）激励

采用激励理论和方法，对组织成员的各种需要予以不同程度的满足或限制，引起组织成员心理状况的变化，以激发他们向社会体育组织所期望的目标而努力。

（七）培训与开发

通过培训提高组织成员个人、群体和整个组织的知识、能力、工作态度和工作绩效，进一步开发组织成员的智力潜能，以提高人力资源的贡献率。

（八）职业生涯规划

鼓励和关心组织成员的个人发展，帮助员工制订个人发展规划，以进一步激发组织成员的积极性、创造性。

（九）人力资源会计

与财务部门合作，建立人力资源会计体系，开展人力资源投资成本与产出效益的核算工作，为人力资源管理与决策提供依据。

（十）劳动关系管理

协调和改善社会体育组织与员工之间的劳动关系，进行组织文化建设，营造和谐的劳动关系和良好的工作氛围，保障社会体育组织经营活动的正常开展。

四、社会体育人力资源管理的基本方式

(一) 社会体育人力资源培育

社会体育人力资源培育是指在一定条件下，借助一定的方式促进社会体育人力资源生成的过程。社会体育组织选拔了相应的后备体育人力资源以后，需要对人力资源进行相关培育，以促成潜在的、后备的体育人力资源变成体育组织需要的人力资源。培育不仅是组织创新的源泉，是组织迎接知识经济挑战的必要准备，而且是促进组织成员全面发展、调动成员积极性的重要手段，更是塑造优秀组织文化的有力杠杆和竞争取胜的重要保证。社会体育人力资源培育的内容主要包含价值观、文化水平、职业能力、技能等。

(二) 社会体育人力资源开发

社会体育人力资源开发是指对尚不能完全利用的潜在人力资源和已经能够利用的人力资源的未知功能做进一步深度挖掘，从而提高社会体育人力资源可利用程度的过程。社会体育人力资源开发的目的是将体育人力资源固有的知识、认识通过特定手段进行开发，以使其适应现代体育竞赛的需求，为体育组织的发展进行良好的人力资源储备。社会体育人力资源开发的基本内容包括知识、技能、态度及行为的开发。

(三) 社会体育人力资源配置

社会体育人力资源的配置是指通过对人力资源在地区、部门及各种不同使用方向上的分配，并按照一定的经济或产出目标，在社会体育发展过程中实现人、财、物、时间、信息等要素的有机结合与充分发挥，以获得最大产出和最佳效率的动态进程。社会体育人力资源配置内容主要包括区域配置、领域配置、职业配置、运动项目配置，以及数量和质量配置等。

(四) 社会体育人力资源使用

社会体育人力资源使用过程中主要采用激励和评价两种方式：其一，人员激励。采用激励理论和方法，激发社会体育人力资源的需要、动机、欲望，强化和引导与组织目标相契合的个人行为，对社会体育组织成员的各种需要予以不同程度的满足或限制，引起成员心理状况的变化，以激发成员向社会体育组织所期望的目标而努力。其二，绩效评价。对组织成员在一定时间内对社会体育组织的贡献和工作中取得的绩效进行考核和评价，及时做出反馈，以便提高和改善成员的工作绩效，并为组织成员培训、晋升、计酬等人事决策提供依据。

第二节　社会体育财力资源管理

社会体育财力资源是社会体育事业发展必不可少的因素之一。社会体育财力资源管理是指通过一定方式整合资源，以发挥社会体育财力资源的作用，促使社会体育目的实现的过程。社会体育财力资源管理的目的在于合理开发利用经费资源，提高经费的使用效率，以促进社会体育目标的实现。社会体育财力资源管理的基本内容包括社会体育经费的预算、筹集、分配、使用等方面。社会体育财力资源管理的基本过程包括社会体育财力资源的培育、开发、配置和利用。

一、社会体育财力资源的含义

财力资源是组织活动中的重要组成部分，也是各种资源中流动性最强的一种资源。任何组织要进行生产经营活动都必须拥有一定数量的财力资源，财力资源是进行生产经营活动的基本条件。没有一定数量的财力资源，组织就不可能从市场上购买物质材料、人力、信息等其他资源，就无法有效地完成组织的目标。

社会体育财力资源是在社会体育发展过程中能够用货币形式体现的资源。在社会体育发展过程中，财力资源可以通过购买转换为人力资源和物质资源等。

鉴于我国社会体育的性质，在社会体育事业发展过程中，社会体育财力资源的供给渠道呈现出多元化。目前我国的社会体育发展主要还是依赖于国家财政拨款来满足人民群众日益增长的体育消费需求，此外，单位部门拨款，社会体育事业单位的经营收入、赞助、捐助及各类社会体育发展基金等多种形式并存。

二、社会体育财力资源管理的含义

社会体育财力资源管理是指通过一定方式整合资源，以发挥社会体育财力资源的作用，促使社会体育目的实现的过程。社会体育财力资源管理的主体是各类社会体育组织，管理的对象主要是社会体育经费。为实现财力资源最大效益的发挥，需要整合人力、物力等资源，通过对社会体育经费进行规划、培育、开发、配置及利用等环节，最终促使社会体育组织既定目的的实现。

社会体育财力资源主要用于提高全民健康素质，促进社会体育事业发展。社会体育财力资源管理具有如下特点：

1.政策性强。社会体育事业是我国社会主义现代化建设的重要组成部分，其经费来源主要是国家财政拨款。所以，体育组织的财务活动，体现着国家的政策方针。体育管理部分在办理各项收支业务时，要严格执行有关的收支范围和收支标准，以保证体育事业的顺利开展。

2. 预算管理先行。各级体育管理部门每年年初都要根据事业发展计划和单位工作任务安排编制单位年度预算，并按相关程序报送有关部门审批。经有关部门审批后之后年度预算即成为本单位办理财务收支业务及其他各项财务活动的重要依据。

3. 效率优先、兼顾公平。根据国家财政"取之于民，用之于民"的原则，体育资金在使用过程中应该注重资金的使用效率，用有限的资金为大众提供更多、更好的体育服务。注重不同地区、不同人群的体育健身需求，真正实现资金使用过程中效率优先、兼顾公平。

4. 涉及面广。各级各类社会体育组织在我国不仅分布范围广，而且涉及面广，所以体育资金的管理范围也非常广，不仅深入全国城乡的各个角落，还深入社会体育组织活动的方方面面。

社会体育财力资源的表现形式是社会体育经费，是开展社会体育活动的基本保障，社会体育经费管理过程实质就是理财的过程。其目的是为社会体育的健康发展广开资金筹集渠道，合理分配使用资金。我国社会体育经费管理分为中央、地方两级。为确保各级政府对体育事业的投入，我国社会体育经费按照"分级管理、分级投资、分级负责"的原则进行管理。中央财政拨款与其他社会收入由国家体育总局群众司统筹管理，主要用于开展全国群众体育运动及全国有关体育组织的事业费分配。地方群众体育资金主要来源于地方政府财政拨款与本级体育彩票公益金60%的提留金及其他社会所集资金，由省、市、自治区体育局体育处按照《全民健身计划纲要》，组织指导实施地方群众体育运动。

三、社会体育财力资源管理的基本内容

（一）社会体育经费的预算

1. 预算的种类

按照不同的内容，可以将预算分为经营预算、投资预算和财务预算三大类。

（1）经营预算。它是指社会体育经营单位日常发生的各项基本活动的预算，主要包括销售预算、生产预算、直接材料预算、直接人工预算、制造费用预算、成本预算、推销及管理费用预算等。

（2）投资预算。它是对社会体育部门的固定资产的购置、扩建、改造、更新等在可行性研究的基础上编制的预算。它具体反映何时进行投资、投资多少、资金从何处取得、何时可获得收益、每年的现金流量为多少和需要多少时间回收全部投资等。

（3）财务预算。它是指体育单位在计划期内反映有关预计现金收支、经营成果和财务状况的预算，主要包括"现金预算""预计收益表"和"预计资产负债表"。它们都可

以折算成金额反映在财务预算内,因此,财务预算就成为各项经营业务和投资的整体计划,故亦称"总预算"。

2. 预算的审批

纳入国家公益性的社会体育事业应根据上级下达的年度事业计划,按照上年度收支预算执行情况和有关经费开支标准及预算定额,由财会部门提出预算数、详细说明及计算依据,经审核同意后报上级体育组织审核汇总,再报给上级部门同级的财政部门。由财政部门对预算建议数进行审核,并根据财力状况分配和下达预算指标后,单位再调整为正式的收支预算,经体育组织核报同级财政部门批准后执行。

3. 预算的调整

预算调整包括预算的追加追减、项目调整、预算划转等。预算经财政部门批准后,即成为预算执行的依据,不得随意调整和变动。在执行过程中,如遇不做调整就无法执行的特殊情况时,有关部门必须按规定程序向同级财政部门提出追加(或追减)预算的报告,经批准后方可执行。

(二)社会体育经费的筹集

我国政府财政拨款有两种形式:一种是财政直接对体育事业拨款。《体育法》第六章第四十一条明确规定:"县级以上人民政府应当将体育事业经费、体育基本建设资金列入本级财政预算和基本建设投资计划,并随着国民经济的发展逐步增加对体育事业的投入。"这是我国社会体育经费来源的主体,是有计划按比例发展体育事业的基本保证。其中中央财政拨款用于中央体育事业,地方财政拨款用于地方体育事业。另一种是财政间接对体育事业拨款。这是国家各部门间接用于体育事业的拨款,主要用于本部门的社会体育活动。

社会体育事业是一项庞大的系统工程,每年需要大量的资金支持,还须通过税收、门票、赞助、社会集资、经营创收等各种形式筹集经费,以保障社会体育事业的发展,维持国家社会体育事业稳定健康发展。

(三)社会体育经费的分配

社会体育资金的分配,必须遵循正确的分配原则。

1. 社会体育资金的分配,必须同社会体育结构相适应,并能使社会体育结构合理化。

2. 要集中使用资金,保证社会体育事业的发展。由于我国正在全面建设小康社会,体育投资十分有限,社会体育事业在其发展过程中会出现不平衡的现象。因此,必须根据社会体育事业发展的需要,确定一定时期内社会体育事业发展的重点,以便集中资金,保证它的发展。

3. 在分配社会体育资金时,还要量力而行,留有余地。由于目前所能筹集的社会体育资金数量有限,所以社会体育资金的分配必须根据社会体育事业发展的需要和财力的大小,来确定这个时期内各项社会体育事业的发展规模和速度。同时，由于社会体育事业发展是一个复杂的过程，难免出现各种矛盾及某些意外情况，为了保证社会体育事业的顺利发展，随时对不平衡的现象进行调节，就需要掌握一定数量的机动财力。

（四）社会体育经费的使用

社会体育经费的使用，是为实现社会体育的发展目标进行工作和开展业务活动所支付的费用。社会体育事业经费的使用一般分为人员经费、公用经费、差额补助、专项支出经费等。经费使用的管理应严格执行国家财经法规、制度和纪律，实行单位领导负责制，同时建立财务监督机制，由单位财会部门统一管理，严格按照批准的预算计划额和开支范围、开支标准办理支出；应量入为出、精打细算，保证重点、兼顾一般，注重效益分析；应严格管理支出凭证，做到专款专用、单独核算并加强社会集团购买力及预算外开支管理。

（五）社会体育经费的核算

1. 社会体育经费核算的内容

（1）收入的核算。收入是指体育事业单位为开展业务及其他活动依法取得的非偿还性资金，包括财政拨款收入、事业收入、经营收入、上级补助收入等等，要分门别类设立账户进行独立核算。

（2）支出的核算。支出是体育事业单位开展业务及其他活动发生的资金耗费和损失，包括事业支出、经营支出、自筹基本建设支出、对附属单位补助支出和上缴上级支出等等，应当正确归集实际发生的各项费用数，不能归集的，应当按照规定的比例合理分摊。经营支出应与经营收入进行适当的配比。

（3）资产核算。资产是体育事业单位占有或者使用的能以货币计量的经济资源，包括流动资产、固定资产、无形资产和对外投资等。实行独立核算的体育事业单位必须按照国家有关规定在银行开设存款账户，严格遵守银行制度，接受银行监督。

（4）负债的核算。负债是体育事业单位所承担的能以货币计量，需要以资产或劳务偿还的债务，包括借入款项、应付款项、暂存款项、应缴款项等，应对不同性质的负债分别进行核算，及时清理并按规定办理结算，保证各项负债在规定的期限内归还。

（5）利润核算。对于企业单位要核算利润总额和利润率水平。利润是企业的各项收入抵减各项耗费后的余额。

2. 社会体育经费核算的基本要求

（1）搞好资金核算的计划性，对核算的目标、步骤、时间安排做出计划安排，保证资金核算有计划按步骤进行。

（2）完善资金核算的组织工作。对资金核算按业务核算、会计核算、统计核算进行必要的分工，使它们互相补充，力求原始记录真实、定额指标完整无缺、会计账务及时准确、统计报表系统可靠。

（3）结合核算和分口核算相结合。

（4）专业结算与群众核算相结合。

（六）社会体育经费的监督

社会体育经费的监督贯穿整个资金从预算、使用的每一个环节、每一个方面及每个步骤，主要包括以下内容：

1. 经费监督的基本内容

（1）对预算的监督。对预算的监督包括检验预算的编制是否符合国家有关方针、政策和财务制度的规定；收入预算是否稳妥可靠；支出预算的安排是否贯彻了重点突出、兼顾一般的原则；预算的编制是否内容完整、数字准确。

（2）对收入的监督。对收入的监督包括各项收费是否按照国家规定的范围和标准，有无擅自扩大收费范围的项目；是否按照国家规定划清了各项收入的界限，并按照规定进行核算。

（3）对资金使用、支出的监督。对资金使用、支出的监督包括各项支出是否符合国家有关方针、政策和财务制度的规定；是否按照预算规定的范围、内容和开支标准办理各项业务；是否划清了各项支出的界限；是否杜绝了资金的留用。

（4）其他。其他监督内容包括是否建立了完善的体育资金管理规章制度，专用基金是否运用得当，对财务标准的执行情况，等等。

2. 经费监督的基本方法

监督检查按照监督检查的范围可以分为全面检查和专门检查；按照检查方式可以分为单位自查、联审互查和上级检查；按照检查的内容分为账务检查（报表检查、账簿检查和凭证检查）、实地（或实物）检查（主要是进行财产检查等）。社会体育财务监督应注重在坚持事后监督的基础上，加强事中控制和事前监督，以及预算外资金监督和审计工作，加大经济违纪违法行为的查处力度。

四、社会体育财力资源管理的基本方式

（一）社会体育财力资源管理的基本过程

1. 社会体育财力资源培育

社会体育财力资源培育是指在一定条件下，借助一定的手段和力量促进体育资源生成的过程。其实质是通过行政的、经济的、法律的等各种手段，以培养体育财力资源需求市场和供给市场为主要途径，以实现吸引各方资金（尤其是社会资金）进入体育领域为目的

的活动。其核心是实现体育财力资源从无到有、从少到多、从莠到良的发展过程。体育财力资源培育的途径包括体育财力资源需求市场的培育和供给市场的培育。培育的方法包括行政方法、经济方法、法律方法、宣传教育的方法等。

2. 社会体育财力资源开发

社会体育财力资源开发是指对体育财力资源进行规划、调整，以增加财力资源来源渠道、提高财力资源管理水平和资金使用效果，从而提高体育财力资源可利用程度的过程。社会体育财力资源开发的途径包括财政拨款、单位或部门拨款、社会集资、经营创收等形式。社会体育财力资源开发的方法包括负债方法和所有者投资方法（除政府以外的投资主体）。

3. 社会体育财力资源分配

社会体育财力资源的分配一般有两种形式：

（1）按工作类别进行指令性分配。分配的依据是各单位近几年经费开支情况，特别是上一年度情况；现有的财力情况，即可分配的资金数额；各单位实际业务需要和发展计划；上级有关资金分配的方针、政策、批示和决定；各单位实际工作成果和经营能力。

（2）按各单位需要实行经费包干、结余留用、超支不补。实行资金包干的一般步骤如下：拟订资金分配计划；召集有关单位领导讨论预分方案；确定和下达资金分配计划；颁布资金使用管理的奖惩条例和政策。

4. 社会体育财力资源使用

体育财力资源使用的途径可以从各体育单位财力资源流出的方式入手，主要有初始投资支出、经营成本支出、经营费用支出、对附属单位补助支出和上缴上级支出。提高社会体育财力资源使用效益的方法主要包括强化资金使用的"成本观"、强化预算约束、加强对资金使用情况的动态监测、优化资金与其他资源投入要素的配置等。

（二）社会体育财力资源管理的基本方法

1. 预测方法

社会体育财力资源管理预测方法主要是对各级体育单位计划期的财务指标的测算，它是在过去与现在财务资料的基础上，对未来的财务状况与财务指标做的估计。财务预测是在占有大量财务与其他经济活动资料的基础上，运用科学计算方法来进行的。准确的预测总是依靠科学的方法，按内容可分为流动资产需要量与短期性投资预测、固定资产需要量与长期性投资预测、成本费用预测、产品价格与收益预测、利润总额与分配指标预测；按财务预测所垮时间长度来分，预测方法可以分为长期预测、中期预测和短期预测；按预测是否定量可分为定性财务预测和定量财务预测。

2. 决策方法

社会体育财力资源管理决策方法是根据各级各类体育单位发展战略的要求和国家宏观体育管理政策的要求，从提高经济效益和更好地满足广大人民群众日益增长的体育需求的总目标出发，确定体育财力资源各项具体的财务奋斗目标，并从两个以上的财务备选方案中选定一个达到某一体育管理目标的实施方案的过程。体育财务决策是在体育财务预测的基础上进行的，是体育财务管理的核心，预测是为决策服务的，而具体的体育财务计划则是财务决策的具体化。财务决策一般包括以下几个步骤：确定财务目标；根据财务预测提出备选方案；分析、评价、对比各方案；选择实施方案。决策的成败取决于财务决策方法。决策方法的分类多种多样，按作用分为战略决策和战术决策；按性质分为经营性决策、管理性决策和业务性决策；按管理层次可分为高层决策、中层决策和基层决策；按决策条件可分为确定型决策、风险型决策和不确定型决策。

3. 预算方法

社会体育财力资源管理预算法就是以货币形式表示的各级各类体育单位财务方面的发展经营计划，是指在一定的预算期内以货币形式反映体育单位发展经营活动所需要的资金及其来源、财务收入和支出、财务成果及其分配的预算。预算是预测和决策的具体化和数量化，是各体育单位组织财务活动的重要依据，为单位整体及内部各个部门确定了明确的目标与任务，有助于协调各部门的经济活动，同时也是评价各体育单位工作成果的基本尺度。预算可以有不同的形式，按时间长短来分，有长期、中期和短期预算三种；按影响程度来分，有战略性预算和战术性预算；按编制方法来分，有固定预算、弹性预算、滚动预算和零基预算。

4. 控制方法

社会体育财力资源管理控制方法是根据各体育单位财务预算目标，财务制度和国家有关体育事业发展政策，对实现（或预计）的财务活动开展情况进行对比、检查，以便及时发现偏差加以纠正，使之符合财务目标与制度要求的管理过程。简而言之，即为依据财务目标，发现实际偏差与纠正偏差的过程。控制方法是体育财力资源管理的经常性工作，是实现财务预算、执行财务制度的基本手段。通过财务控制，能使各体育单位的财务预算与制度对财务活动发挥其规范与组织作用，使体育资金占用与费用水平控制在达到预定目标的范围内，保证各体育单位经济效益的提高及体育发展目标的最终实现。按时间不同可分为事前控制、事中控制和事后控制；按指标不同可分为绝对数控制和相对数控制；按方法不同可分为财务目标控制、财务预算控制和财务制度控制。

5. 分析方法

社会体育财力资源管理分析方法是以体育单位财务的实际和预算资料为依据，结合体育单位发展经营活动情况，对造成财务偏差的主观和客观因素进行揭示，并测定各个影响因素对分析对象的影响程度，提出纠正偏差对策的过程。其一般程序包括揭示差距、测定各影响因素的影响程度和提出对策。财务分析对加强体育单位财务管理有很重要的作用，可以为财务预算的制定与调整提供依据；可以及时揭露问题，采取控制措施保证财务预算的执行；还可以检查财务制度的执行情况，帮助正确处理体育单位与各相关单位之间的财务关系，增强体育单位进行财务管理的自觉性。目前主要的分析方法有对比分析法、因素分析法、趋势分析法和比率分析法。

6. 考核方法

社会体育财力资源管理考核方法是指将各体育单位报告期财务指标实际完成数与规定的考核指标进行对比，确定有关责任单位和个人是否完成任务的过程。财务考核与物质奖励紧密联系，是贯彻责任制原则的要求。考核工作主要在体育单位内部进行。考核指标应是责任单位或个人应承担指标是否完成责任的可控制性指标，一般根据所分管的财务责任指标进行考核，使财务责任指标的完成有强有力的制约手段与鼓励措施。通过财务考核，可以促进各级各类体育单位加强基础管理工作，提高体育资金使用效益。考核指标主要有绝对指标、相对指标和指标完成百分比及评分考核。各种指标可单独使用，也可配合使用。

» 第三节　社会体育物力资源管理

社会体育物力资源管理是指通过一定的方式整合资源，以发挥社会体育物力资源的作用，促使社会体育目的实现的过程，实质是在开展社会体育活动过程中，协调需要用到的诸如场地、场馆、器材、仪器设备等方面的物质资料，以达到顺利开展社会体育目标的过程。社会体育物力资源包括技术和经济管理的基本内容。公共体育场馆资源和场地设施是基本的社会体育物力资源，分别对应不同的管理方式。

一、社会体育物力资源管理的含义

（一）物力资源的含义

物力资源是经济资源的重要组成部分，是社会经济发展所不可缺少的物质条件。物力资源是指能被利用的有形的物质，是自然资源和物质资料的总称，它可以是自然形成的也可以是人为投资的物化产品。自然资源是指一切可作为生产投入的未经人类劳动加工而自然存在的物质，它是人类生产资料和生活资料的基本来源。物质资料是人类对自然资源开发或加工后生产出来的产品，是人们借助于劳动资料，使劳动对象发生预定的变化，满足人们特定需求的物力资源。物质资料按其经济用途可分为生产资料和消费资料。生产资料是指人们在生产中消费的各种物质资料，消费资料是指用于满足人们衣、食、住、行等各种生活消费的物质产品。

物力资源是人类社会经济活动用以依托的客观存在物，其万千形态、特征和用途，源自何方与去向何处，用于生产或用于消费都不改变这一根本属性，因为"人们首先必须吃、喝、住、穿，然后才能从事政治、科学、艺术、宗教等等"，而"人并没有创造物质本身，甚至创造物质的这种或那种能力"，只能立足于最初由自然界所提供的物力资源。

（二）社会体育物力资源管理的含义

社会体育物力资源是指在从事社会体育活动的过程中，需要用到的物质资料方面的直接实物条件，它是开展社会体育运动的物质基础，主要包括场地、场馆、器材、仪器设备等。在体育事业中，只要能被利用可以成为社会体育发展的物质技术条件的实物都可视为社会体育的物力资源。

社会体育物力资源管理是指通过一定方式整合资源，以发挥社会体育物力资源的作用，促使社会体育目的实现的过程。其实质是在开展社会体育活动过程中，协调需要用到的诸如场地、场馆、器材、仪器设备等方面的物质资料，以达到顺利开展社会体育活动的目标。

二、社会体育物力资源管理的基本内容

（一）社会体育物力资源技术管理的基本内容

社会体育物力资源的技术管理是对体育场地、场馆、器材、仪器设备的日常管理，贯穿于体育物质运动形态的全过程。社会体育物力资源的技术管理的主要内容如下：

1. 选择体育物力资源

选择何种类型、建设多少社会体育物力是体育物力资源管理的第一环节，通常是从技术和经济两方面来考虑体育物力资源及其装备的选择。具体从以下几个方面考虑：

（1）体育运动和多种经营的需要。无论是类型的选择、数量的安排、位置的选择，都要和体育运动开展的需要和多种经营的需要相适应，要方便群众活动和观看比赛，要有助于提高运动技术水平。

（2）体育设施和附属设施要配套。公共体育设施和运动竞赛单位的体育设施建设要有配套设施建设，如餐厅、住房以至商店等，才能充分发挥体育设施的功能。

（3）体育设施要具备多功能，有利于充分利用。

（4）投资效益。要做到技术先进，效能好，经济合理，节约投资。通过全面分析、权衡利弊，选择最优方案。

2. 建立物力资源管理制度

建立和健全社会体育物力资源使用的管理制度，保证安全、有序地使用社会体育物力资源。

3. 物力资源的维修和检修

体育物力资源的长期使用由于磨损会出现局部的损坏，所以有必要定期进行维修和检修，保证体育物力资源经常处于完好状态。

4. 物力资源的扩建和改造

由于技术方面的原因，原有的一些体育物力资源比较落后，如没有看台、体育设施没有空调设备等等。在经济和技术条件具备之后，应该进行改造和扩建。改建和扩建也要从实际需要出发，做到先进、适用、经济、合理。

（二）社会体育物力资源经济管理的基本内容

社会体育物力资源的经济管理是对体育设施的价值运动形态的日常管理活动，它和体育设施的技术管理有密切的关系。社会体育物力资源的物质运动和价值运动是受自然规律和经济规律支配的，所以对社会体育物力资源的经济管理不仅要遵循自然规律，也要遵循经济规律。社会体育物力资源的经济管理的主要内容如下：

1. 固定资产增减管理

固定资产增减管理是指固定资产的增减管理。社会体育物力资源的价值形态就是固定资金，对社会体育物力资源的资产增加和减少要有财产登记，以利于经济核算和保证财产不受损失。

2. 固定资产折旧管理

固定资产折旧管理是指合理制定折旧率，正确地提取、分配和使用折旧基金。这只适用于商业体育的社会体育物力资源，公益性社会体育物力资源不提折旧费。对商业社会体育物力资源来说，就要合理确定体育物力资源的折旧率，并且合理地加以利用，不断地改造和更新体育物力资源，提高体育物力资源的装备水平。

三、社会体育物力资源管理的基本方式

（一）公共体育场馆资源管理的基本方式

公共体育场馆主要包括对社会公众开放并提供各类服务的体育场、体育馆，以及体育教学训练所需的田径棚、风雨操场、运动场及其他各类室内外场地、群众体育健身娱乐休闲活动所需的体育俱乐部、健身房、体操房和其他简易的健身娱乐场地等。体育场馆的场地按照不同场馆的建设标准和要求大体上有聚氨酯塑胶场地、煤渣场地、木质场地、草坪场地几种类型。

1. 聚氨酯塑胶场地的管理

聚氨酯塑胶跑道场地已成为国际比赛的标准场地，其性能是任何场地不能比拟、不能代替的。它已成为现代化运动场，特别是田径运动场的重要标志之一。为了提高聚氨酯塑胶跑道的使用年限，保持其性能的稳定和色泽的绚丽多彩，必须加强管理。

首先，应按其适应范围合理使用，一般只供场地所承担的专项训练和比赛使用。其次，场地是由聚氨酯合成的塑胶弹性体，要禁止各种机动车辆在上面行驶，以防滴油腐蚀胶面。禁止携带易爆、易燃和腐蚀性物品入内。发令枪要妥善保管。不得穿刺、切割。要保持清洁，避免有害物质的污染。再次，进入场地者必须穿运动鞋。跑鞋鞋钉不得超过9毫米，跳鞋鞋钉不得超过12毫米。杠铃、哑铃、铅球、铁饼、标枪等器材必须在特设的运动场使用，严禁在塑胶场地上进行训练。严禁吸烟和吐痰。最后，要避免长时间的重压、防止剧烈的机械性冲击和摩擦，以免弹性减弱和变形。紧靠内侧沿的第一条、第二条跑道使用较多，平时应限制使用，必要时可设置障碍物。

2. 煤渣场地的管理

首先，禁止在跑道上行驶各种车辆（含自行车）。其次，禁止行人穿越跑道。再次，跑道表面应经常保持30%左右的湿度。干旱季节最好每天傍晚洒水，以降低地面温度，便于地下水气融合，节约用水。最后，保持第一道与外道跑道硬度近似。第一条跑道使用最多，硬度较大，外圈各道使用次数相对较小，硬度较小，而跑道硬度会影响运动员的比赛成绩。为防止第一条跑道快速硬化，可采取以下措施：

（1）新翻修的跑道，可在第一条跑道上放置栏架，让运动员在外圈各道上练习。

（2）一般比赛时，短距离比赛第一条跑道尽量不安排运动员。

（3）如全部跑道每年翻修两次，则第一条跑道应翻修3~4次。

（4）经常铲除第一条跑道紧靠内沿的积土。在多风地区，第一条跑道内沿容易积土，使跑道左边高于跑道表面，形成向右倾的斜坡，对中长距离跑有影响，故应经常将堆积的尘土铲平。

3. 木质场地的管理

首先，场地未经主管部门或主管人员批准，任何单位和个人均不得入内训练或活动。其次，进入场地的运动员、裁判员和工作人员等必须穿软底鞋，禁止穿皮鞋、高跟鞋和带钉鞋入内。最后，场内严禁吸烟、吐痰和泼水。禁止在场内踢足球、投掷重机械。场内固定器材不得随意移动。比赛前后布置和收拾器材用具时，要注意轻拿轻放，不得在场上拖拉器械。

4. 草坪场地的管理

草坪场地主要供足球、棒球、垒球、板球、高尔夫球及部分田赛等项目使用。管理人员要了解各种草的生长规律和使用特点。使用时间要根据季节和草的生长情况来安排。禁止机动车辆进入草坪。田径运动的掷标枪、铁饼和推铅球等项目，只能比赛时使用草坪地，训练时尽量不使用或少使用。注意场内卫生。场内不准吸烟，不准乱扔果皮、纸屑和砖头等杂物，也不准随地吐痰。一切使用单位和使用者都必须严格遵守草坪场地使用规定，爱护草坪和场内的一切设施。

（二）社会体育场地设施资源管理的基本方式

社会体育场地设施资源管理的任务是为实现社会体育目标，优化用于开展社会体育活动场地设施的数量、质量，提高现有体育场地设施的利用率，为方便大众体育活动创造条件。社会体育场地设施管理的基本方式包括两大类：

1. 国家对社会体育场地设施的宏观管理方式

国家对社会体育场地设施的宏观管理通过制定法律、制度、政策和各种管理标准和规章，为社会体育场地设施的建设、利用和管理创造良好的外部环境，并进行必要的监督等。

2. 建设单位对社会体育场地设施的微观管理方式

建设单位对社会体育场地设施的微观管理可分为计划管理、设计管理和施工管理。各地区、各单位必须制订社会体育场地设施的建设计划，指导体育设施的建设，保证社会体育场地设施建设顺利进行，提高社会体育场地设施建设的投资效益。社会体育场地设施的设计工作是一项复杂的技术经济工作，除了必须遵循一般生产设计的"坚固适用，经济合理，技术先进"的共同原则外，还要注意体育设施的特殊性。为了充分利用体育设施，设计时应考虑适合开展多种社会体育活动并具有多种功能，如举办展览和文艺演出等。施工也是社会体育场地设施建设的基本环节，但是建设单位对这项工作也要进行必要的管理。选择水平比较高、比较负责任的建筑队伍；要签订建筑合同书；要坚持先设计，后施工，保证施工的质量；对施工过程要进行现场监督，保证施工质量；最后要进行严格的验收。

第四节 社会体育信息资源管理

社会体育的发展离不开信息，也同样离不开对社会体育信息资源的管理。信息工作在社会体育管理的主客体及中介中均存在，是社会体育管理不可缺少的组成部分。提高社会体育管理的效益，就必须构成一个可控制的信息管理系统。信息工作的任务就是收集、整理、处理、储存和传递有用信息，为社会体育管理服务。

一、社会体育信息资源管理概述

社会体育信息是对反映社会体育系统活动和运转的各种指令、情报和资料等的总称。根据不同角度和标准，可将社会体育信息分为不同的类型。

1. 环境信息

环境信息主要是指来自本系统、本地区、本部门以外，与本系统、本地区、本部门体育事业发展有关的各种信息，包括国内外社会体育信息和政治、经济、社会、文化、科技等方面的相关信息；中央和各级党政领导机关发布的重要的方针政策、各种重大决策和工作部署；社会对本单位的要求；其他单位的经验、状况；有关历史状况和未来发展趋势等信息。

2. 系统信息

系统信息主要是指来自管理系统内部、反映信息管理系统自身基本状况和运行情况的信息，包括组织机构设置与分工，工作的有序化和协调程度；各部门人员的业务能力、人际关系等；经费、设备等方面的状况、潜力、需求变化；有关规章制度、工作程序及执行情况；各项工作的进展情况，存在的薄弱环节、问题和潜力；等等。

3. 业务信息

业务信息主要是指来自管理对象的各种信息，包括各职能部门管辖对象运动状态的有关信息，例如决策与控制过程中各种动态信息；条件变化情况；各项工作部署或任务完成情况；与决策目标偏离的情况及需要解决的问题；工作完成后的综合效益评价及总结；等等。业务信息也包括各业务部门和专业技术人员在工作中所产生和需要的各种信息。

二、社会体育信息资源管理的含义

人类社会的一切活动都离不开信息，物质、能量和信息是构成现实世界的三大要素。作为一种资源，信息广泛存在于经济、社会各个领域和部门，是各种事物形态、内在规律、和其他事物联系等各种条件、关系的反映。信息资源是人类生产及管理过程中所涉及的一切文件、资料、图表和数据等信息的总称，它涉及生产和经营活动过程中所产生、获取、处理、存储、传输和使用的一切信息资源，贯穿于管理活动的全过程。

信息资源管理（Information Resource Management）是现代信息技术特别是以计算机和现代通信技术为核心的信息技术的应用所催生的一种新型信息管理理论。体育的发展离不开信息和对体育信息的管理，体育信息资源管理是指通过一定方式整合资源，以发挥体育信息资源的价值，促使体育组织目标实现的过程。体育信息资源管理的目的就是保证体育信息资源的开发利用在有领导、有组织的统一规划和管理下，协调一致、有条不紊地进行，使各类信息资源达到最佳配置，以更高的效率、效能和更低的成本为体育组织运作提供有力支持。

三、社会体育信息资源管理的基本内容

根据社会体育信息资源工作流程，我们可以将社会体育信息资源管理工作分为信息的收集、加工整理、检索、研究、报道、服务等环节。

1. 社会体育信息收集

信息的收集工作是社会体育资源建设工作中的首要环节，而调查研究各类信息源的状况则是搞好信息工作的先决条件。信息源是指人们获得信息的来源，因为目前信息的主要载体是文献信息，所以目前文献工作是国内外体育信息工作的主要内容。社会体育信息源的类型主要有体育报刊、图书、会议文献汇编、学术论文、声像资料、体育档案等材料。社会体育信息收集的方法较为常用的有问卷调查法、参观考察法、专家咨询法、预定采购法、信息检索法、日常积累法、访问交谈法、交换索要法、委托收买法、技术截获法等。

2. 社会体育信息的加工整理

社会体育信息的加工整理是指在已收集到的社会体育信息资料的基础上，把无序的、零乱的文献资料等用科学的方法变成有序的、可供排检利用的文献资料的集合过程。现实中，无论是通过现场调查所获得的社会体育信息，还是通过查阅文献资料所得到的社会体育信息，在进行加工整理前，都是一种原始状态的信息。从社会体育信息数据库中检索而来的信息，在未按照一定要求加工处理前，也是一种原始状态的信息。我们只有按照一定的程序、目的和方法进行专门的加工整理，才能将这些原始状态的信息变换成有序的、系统化的社会体育信息，才能进行检索、报道。在加工整理的过程中，我们实际对这类原始状态的信息进行了一次全面的校验和鉴别，剔除了不真实、不准确的信息，大大提高了信息的真实性和可信度。

社会体育信息的加工整理主要包括两方面的内容：一是对文献资料本身的科学管理，即分类、登录和保管等；二是编制检索工具，即二次文献工作，包括对文件资料的选择鉴定、主题分析（标引）和编制文摘和索引等工作。其目的都在于揭示文献资料的内容，并不断改善文献资料的存贮与检索，提供良好的检索手段。

3. 社会体育信息的检索

检索就是查找和索取的意思，社会体育信息检索就是从数量庞大、高度分散的体育和有关科技文献中按照一定线索，获取信息的查找过程。这项工作既可以由信息服务人员根据用户要求进行，也可在服务人员的辅导下，由用户自己来进行。体育信息检索有文献检

索与事实（包括数据）检索之分。文献检索是一种从大量集合的文献中查找出主题及其属性符合需求者要求的过程，例如查找与某一研究课题有关的参考文献。事实检索是查找特定事实或数据的过程，它所查找的是直接结果而非文献，例如查找现代奥运会始于何年。从检索方式上看二者是相同的，区别仅在于检索对象的内容上。前者检索的是文献或有关文献的报道，后者则是检索文献中所反映的事实。总的来说，文献检索是最基本和最重要的信息检索。

4. 社会体育信息的研究

社会体育信息的研究工作是针对体育领域中的某一具体问题，通过广泛收集信息资料，并对这些信息资料进行分析、研究，使之激活成新的再生信息，从而了解现状、预测未来，为该问题的决策和解决提供依据和咨询服务的一项研究性工作。它也是我们通常所说的三次文献工作，它包括文献综述、述评、专题研究、系统资料整理等多种形式，其特点是信息容量大，而且有观点、有分析、有数据、有结论，能密切联系体育运动实践中的具体问题，其成果受到广大用户的欢迎。

5. 社会体育信息的报道

社会体育信息的报道也称为社会体育信息的传播或传递。它是社会体育信息管理的重要内容之一。因为，从信息的收集到信息的研究等各个阶段索取的成果，只有通过报道才能传播出去，才能满足信息需求者的需要，实现信息自身的价值。所以，社会体育信息的报道是一个很重要的环节。社会体育信息报道的形式较多，常见的有文字报道、口头报道和直观传播报道三种。

文字报道最为常用，可分为两类：一类为定向报道，主要是指信息部门主动进行的信息刊物的编辑出版工作。另一类为定题报道，指信息部门根据用户的专门要求所进行的各种信息报道，其报道方式有专题文献题录、文摘、索引等，也有专题评论、学科总结或专题文摘汇编等。这些刊物便于使用与收藏，是当前最主要的一种报道形式。口头报道是指座谈、讲座、会议、经验交流等形式，也是信息报道的有效形式。直观传播报道是能最迅速、直观地传递体育信息的一种报道方式。

6. 社会体育信息服务

信息服务是指专职信息服务机构针对用户的信息需要，及时将加工整理好的体育信息以用户方便的形式准确地传递给特定用户的活动。信息服务是体育信息管理中最重要的一个内容。只有全面、准确地了解用户的体育信息需求，信息服务才能做到有的放矢、高效快捷。只有做好体育信息的收集、加工整理等各项工作，信息服务才有雄厚的资源基础。

信息服务的方式也是多种多样的，如根据服务对象的范围，信息服务可分为单向服务与多向服务；根据提供服务的时机，可分为主动服务和被动服务；根据收费情况，可分为无偿服务和有偿服务，等等。一般来说，按信息服务工作基础的不同，信息服务可分为报道服务、检索服务、文献服务、咨询服务和网络服务几大类。

文献服务是指专门的体育信息服务机构利用图书馆、资料室、档案馆等固定的文献保管场所向用户提供记录在一定载体之上的信息的服务方式。这类服务方式主要有阅览、外借、复制等。咨询服务是指咨询受托方（咨询人员或咨询机构）根据委托方（用户）的要求，以专门的信息、技能和经验，运用科学的方法和先进的手段，进行调查、研究分析、预测，客观地提供最佳的或几种可选择的方案或建议，帮助委托方解决各种疑难问题的一种高级智能型信息服务。网络服务是利用网络资源提供信息服务的方式。随着计算机与通信技术的高速发展，信息服务已进入了网络时代，许多信息服务都是通过网络进行的。

四、社会体育信息管理系统的开发

体育信息管理系统是一套提供体育管理所需的信息进行收集、加工、整理、贮存、输出等一系列过程的集合。体育信息管理系统开发是指通过一定方式，发现、挖掘体育信息已有或未知功能的活动过程。

（一）社会体育信息管理系统开发的基本原则

1. 系统原则

信息管理系统的开发要以系统科学的理论和方法为基础。在把研究对象作为一个系统进行分析时，应注意研究系统各部分、各环节之间的联系，综合运用各种技术和方法，寻求最满意的整体优化结果。这种思想体现在三个方面。

（1）在信息管理系统的开发过程方面，分为总体规划和分步实施两个阶段。在第一个阶段要进行系统结构的划分，从高层到低层，从整体到部分，对系统的每一个部分和环节进行系统分析与设计。明确系统的信息需求和功能需求，确定系统的目标，划分若干个子系统，提出系统硬件和软件的选择方案，制订系统实施计划。第二个阶段则逐个编制具体的程序模块，并按一定结构堆砌成一个个子系统，最后合成整个信息管理系统。这一阶段主要是按规划对每个子系统进行详细调查，进行数据库规范化设计、代码设计、模块设计和程序设计等。

（2）在信息管理系统的结构与功能设计方面，要提高系统的经济性和有效性。

（3）在信息管理系统的开发环境建设方面，要提高系统的适应性，加强系统与外部环境（如组织管理模式）的协调。

2. 规范原则

规范原则是指组织管理的规范化、信息收集的规范化、信息处理的规范化和信息传递的规范化。组织管理的规范化是指组织管理机构要制定和完善各种管理制度，确定合理的工作流程，明确岗位职责，使整个系统在一个高水平的管理模式下运行。信息收集的规范化是指对所需信息的信息源有明确的了解，对信息收集的时间、数量和次数有规范化的要求。信息处理和信息传递的规范化是指采用国际或国家统一的方法和技术来处理信息、传递信息。

3. 协同原则

一个信息管理系统的开发是一项复杂的系统工程，是系统开发人员与用户之间、开发人员相互之间不断交流、协同的过程。

（二）社会体育信息管理系统开发的基本方法

目前，开发信息管理系统的常用方法有三类：一是基于自顶向下的生命周期思想和结构化系统开发的方法，如生命周期法或结构化分析设计技术。二是基于自底向上的快速系统开发思想和新一代系统开发工具的方法，如快速原型法、快速应用开发方法。三是面向对象的系统开发方法。由于后两种方法技术上的不完备性，选用较为成熟的生命周期法来开发体育信息管理系统是较为适宜的做法。

生命周期法是用系统的观点和系统工程的方法，按照用户至上的原则，结构化、模块化、自顶向下地逐级对信息管理系统进行分析与设计的方法。它将整个信息管理系统的开发过程划分为系统规划、系统分析、系统设计、系统实施、系统运行维护五个阶段和十几个步骤，各阶段、各步骤首尾相连，形成一个系统的生命周期循环。每一个阶段都有明确的工作任务和目标及预期的阶段性成果，以便于计划和控制进度，有条不紊地协调各方面的工作。

采用生命周期法开发一个体育信息管理系统，各个阶段的主要工作内容如下：

1. 系统规划阶段

此阶段的任务是根据用户（可以是体育管理机构，也可以是竞赛组织机构等）的系统开发要求，明确问题，进行系统可行性的研究，提出规划方案。

2. 系统分析阶段

对社会体育系统的组织结构、信息流程、现行信息处理方式等问题进行深入调查研究，形成原有系统的逻辑结构，依照信息管理系统的需求，改造原有模型，提出系统的逻辑方案和数据流程。

3. 系统设计阶段

此阶段要在系统概念设计的基础上进行物理设计、代码设计、数据库/文件设计、输入/输出设计、模块结构与功能设计等，同时还要根据设计采购、安装设备。

4. 系统实施阶段

此阶段主要是进行编程与调试，建立相应的技术文档（如系统设计说明书、用户手册等），并进行人员的培训和数据准备，最后试运行。

5. 系统运行维护

此阶段主要对系统的日常运行进行管理与维护。

当环境发生变化，用户提出新的要求时，再按这五个阶段进行新系统的开发，这就是一个完整的信息管理系统生命周期。

（三）社会体育信息管理系统开发的基本程序

社会体育信息管理系统是一项十分复杂的工作，对其开发需要大量的人力、物力、财力和时间。社会体育信息系统的开发程序一般分为三个阶段：系统分析、系统设计和系统实施。

1. 系统分析

系统分析主要是在调查分析的基础上，确定系统的目标，然后通过进一步深入调查研究和可行性分析，提出系统的初步模型，作为下阶段系统设计的依据。

2. 系统设计

系统设计一般包括两部分：一部分是初步系统设计；另一部分为详细设计，包括输出输入格式的详细设计、子系统处理流程图的设计、子系统详细流程图的设计、编写程序说明书和其他技术资料。

3. 系统实施

这一阶段包括程序设计、系统调试和试运行等内容。

（1）程序设计。程序设计要求把大量的数据以文件形式存贮在外存储器内，以达到既可以充分利用资源又能使数据与信息处理程序互相独立的目的。在程序设计过程中，应首先熟悉上阶段所编写的程序说明书及子系统流程图和有关输出输入的资料做出程序流程图，再按流程图编写程序。

（2）系统调试和试运行。系统调试分为程序单调和功能分调。程序单调是为了确保程序的正确性而对每个程序分别进行的检查。功能分调是为了保证模块内部控制关系的正确和数据内容的正确而对一个功能模块内所有程序按次序串联起来的调试。总调试是通过对功能模块的联结调试，保证系统的整体功能达到最佳状态。

第八章

全民健身背景下社会体育的领域管理

第一节 社区体育管理

社区体育是社会体育的组成部分,是指由社区开展的以满足社区成员健身、娱乐等体育需求为主要目的的体育活动,具有区域性、多样性、娱乐性、自主性、随意性特点。加强社区体育管理,对丰富居民文化生活,提高生活质量,交流邻里感情,改善人际关系,促进社区繁荣发展等具有重要意义。

一、社区体育的概念与特点

(一)社区体育的概念

一般认为,社区是指进行一定的社会活动、具有某种互动关系和共同文化维系力的人类群体及其活动区域。目前城市社区的范围,一般是指经过社区体制改革后做了规模调整的居民委员会辖区。社区体育是社会体育的重要组成部分,是社会体育在社区领域的延伸。社区体育是在城市社区建设基础上的,随着社区建设的深入开展,体育社会化程度的提高,人民生活的不断改善,健身意识的不断增强而逐步发展起来的。

随着社区体育活动的开展,人们对社区体育概念的认识也在逐步加深。按照我国官方的解释,社区体育主要是在街道办事处的辖区内,以自然环境和体育设施为物质基础,以全体社区成员为主要对象,以满足社区成员的体育需求,增进社区成员的身心健康为主要目的,就地就近开展的区域性的群众体育(《关于加强城市社区体育工作的意见》,1997年4月2日国家体委、国家教委、民政部、建设部、文化部发布)。本书认为,社区体育是为满足社区成员的体育需求而开展的社会体育。社区内开展的竞赛活动、社区内举办的各类少儿体育培训班、社区组织的体育旅游活动都是社区体育的组成部分。

（二）社区体育的特点

1. 区域性

由于社区体育是以社区为区域范围且就地就近开展的区域性体育活动，因而区域性是社区体育的根本特征。无论是参与人员的构成、活动场地设施，还是管理、指导、经费筹措等都是在社区所属的区域内进行。社区内的广场、空地、绿化带、公园及其他公共设施等都是社区体育活动可以充分利用的资源。

2. 多样性

首先，参与者多样性。参加社区体育活动的人们尽管年龄、性别、职业、生活习惯、兴趣爱好、受教育程度、经济收入和身体状况各不相同，甚至存在巨大的差异，但这并不影响他们进行健身锻炼，每个人都可以从中寻找到适合自己的位置和活动内容。其次，社区体育项目多样性。既有作为中华民族优秀文化遗产的多民族、民间的体育项目和健身养生方法，也有现代健美健身手段；既有正规的项目，又有非正规的项目；既有复杂的，也有简单的。大多数居民所选择的健身方式为太极拳、太极剑、木兰扇、导引养身功、健身球、秧歌、健美操、跳绳、踢毽子、游泳、快走、慢跑等。最后，组织形式多样性。既有行政部门组织的，又有社会团体组织的，还有社区居民自发组织的。

3. 娱乐性

社区体育作为一种大众文化，集娱乐、健身、竞技、审美、刺激等功能于一体，其内容和形式多样化、趣味化，参加锻炼所选的内容以养身、健身、娱乐为主。人们参加体育活动的目的或为强身健体，或为美形、美姿、美态、美化动作，或仅仅是为了娱乐，追求心情舒畅、精神愉悦。

4. 自主性

由于民族、性别、职业、年龄、文化程度、生活习惯、兴趣、爱好、体质、健康、个人需求、业余时间以及所处的地位、社会环境等差异，社区体育运动主要表现为针对个人体质、健康、需求、心情、兴趣、爱好和特长等具体情况，选择合适的内容与形式，在允许的时间与环境下自主进行锻炼。

5. 余暇性

人们在自己可以自由支配的余暇里进行的健身活动。由于受人们上下班时间的约束，再加上参与者以老年人居多，在活动的时间上又体现出早、晚活动的特点。

二、社区体育管理概念

根据本书关于社会体育管理的定义，社区体育管理是指通过一定方式整合资源，以促使社区体育目的实现的过程。理解社区体育管理的含义，须注意以下几点：

1. 社区体育的发展离不开社区所提供的各种资源。社区内的体育资源主要包括各级各类管理者及指导者、经费、场地设施、社区成员、社区体育组织等，社区体育管理要使有限的社区体育资源实现尽可能大的利用效益。社区体育管理要求社区体育管理组织和管理者通过对社区体育活动的计划、组织与控制等职能，使社区体育活动高效、和谐有序地运行。

2. 社区体育管理的目标是实现发展社区体育的目的。社区体育是由社区成员通过互动关系和文化维系力联系起来的共同体，这种互动关系和文化维系力使社区成员相互联系，结成紧密、复杂的关系。这就决定了社区体育组织主体必须不断加强管理及服务能力，以满足社区居民的体育需求为抓手，最终实现发展社区体育的目的。

3. 社区体育管理主体多元。社区既有街道党工委和办事处，也有政府各职能部门在社区的体育机构和社区范围内的事业单位，如学校、机关、企业等。这些单位存在于社区范围内，拥有的体育资源较多，各有优势，它们与社区体育紧密相关。在区体育管理主体主导下，确定目标，进行人、财、物和时间等资源的合理配置，建立社区体育内部要素之间及社区体育外环境的各种联系，从而构成统领社区的整合要素，对社区体育的发展起着引导作用。

4. 社区体育管理者要通过有效方式激发社区居民的积极性。社区体育管理的目的是满足社区体育成员的需要，由于社区居民体育需求的多样性，要让政府或社区单位全部包下来是不可能的，一定要激发社区居民的自我组织、自我管理、自我服务意识。同时，社区体育成员也有义务参与到社区体育的建设和管理中来。

三、社区体育管理体系

（一）政府管理体系

1. 政府专门管理体系

社区体育在各级人民政府的统一领导下，具体工作由体育行政部门作为主管推动开展。《关于加强城市社区体育工作的意见》（1997年4月2日国家体委、国家教委、民政部、建设部、文化部发布）中指出，市、区人民政府要把发展社区体育作为贯彻《体育法》、《全民健身计划纲要》的一项具体措施，纳入城市社会发展的总体规划，努力为居民参加体育健身活动创造良好的社会环境和物质条件。市、区人民政府体育行政部门要认真贯彻执行党和国家的体育方针、政策，加强对社区体育的领导，依据《体育法》和《全民健身计划纲要》制订社区体育的发展规划和工作计划，逐步建立、健全以社区体育组织为主体的社会体育组织网络，制定开展社区体育的各项管理制度，加强社区体育理论研究，建立社区体育发展的指标体系。《全民健身计划（2011—2015年）》要求，地方各级人民政府将城市社区体育工作作为社区建设的基本内容，统筹规划，加大投入，以城市街道和居住社区公共体育设施建设为重点，不断改善社区居民体育健身环境和条件，提供基本公共服务。

国家体育总局群众体育司组织建设处及各省、市、区体育局群体处（科）相关职能部门是社区体育管理的主管部门，其主要职责是按照国家的体育方针、政策支持和指导社区体育工作，制订社区体育的发展规划和工作计划以及各项管理制度。

各级人民政府及其派出机构、街道办事处是社区体育的领导和管理部门。按照《体育法》第四条"县级以上地方各级人民政府体育行政部门或者本级人民政府授权的机构主管本行政区域内的体育工作"的规定，区（市辖区、不设区的即为市，下同）人民政府可授权街道办事处主管辖区社会体育工作和组织实施辖区体育活动，形成以市、区体育行政部门和街道办事处的分级管理体制，以及条块结合的组织网络。街道办事处对辖区的社区体育具有领导、管理的职能，其职责如下：设置社区体育管理部门，配备体育干部；建立街道项目体协、人群体协等体育组织网络；选拔、培养体育指导员，提高体育指导水平；建立社区体育工作管理制度和工作档案；在体育部门的指导下，组织社区内居民经常开展体育健身活动和竞赛活动，满足居民的体育兴趣和需求。

2. 政府非专门管理体系

政府非管理体系包括民政部门、城市规划部门、文化部门、教育部门，以及辖区内的有关机关单位等。

民政部门的主要职责是根据城市管理中心街道办事处的管理、协调、指导、服务等职能作用，将开展社区体育作为街道办事处的一项工作职责，将社区体育作为社区建设的组成部分，统筹规划和评估，在政策上给予扶持。

城市规划部门的主要职责是按照国家对城市公共体育设施用地定额指标的规定，将居民住宅区的公共体育设施建设纳入城市总体规划和详细规划中，合理布局，统一安排。

文化部门的主要职责是在建设和发展社区文化的工作中，重视社区体育的开展，大力宣传体育健身对增强体质、丰富文化生活、提高生活质量等方面的意义和作用。

教育部门的主要职责是鼓励和支持学校体育设施对社区居民开放，发挥学校体育教师、体育设施在开展社区体育活动中的积极作用。

社区内的机关单位也负有组织开展社区体育的责任，要在分解单位社会服务功能的同时，增强社区意识，支持、协助街道和居委会开展社区体育工作，鼓励单位职工积极参加社区的各类体育活动。

（二）社会管理系统

街道社区体协（也称街道文体协会）是目前主要的社区体育组织形式，此组织形式在20世纪80年代中期出现。街道社区体协以街道辖区为区域范围，以基层政府派出机构——街道办事处为依托，由辖区各单位和下属各居（家）委会参与共同组成，采用理事会制度，机构附设在街道文教科、文化站或社区服务中心，它是一种街道辖区内的体育联合体。街道社区体协下设人群、项目体育协会，体育俱乐部，晨晚练活动站和居（家）委会体育小组、体育活动点等。

我国社区体育以街道社区体协为主、其他区域性体协为辅，组织结构基层化特点十分明显。街道社区体协以街道办事处为依托，以辖区单位和居（家）委会为参加单位，共同组成了街道社区体协。体育协会在我国县市级以上城市中广泛存在，一般是体育协会作为事业单位，人员配置和政府体育部门基本重合，但这种现象正在改变，体育协会正在逐步变成民间性的非营利性组织。社区体育俱乐部是在法定性社区内，由企事业单位、社会团体和其他社会力量及公民个人所举办的，这类组织形式在我国目前比较少见。晨晚练点部分由街道社区体协管理，部分由市（区）工会、体协和辖区单位管理。辖区单位体协在接受本单位直接领导的同时，还接受街道社区体协的间接领导，这是现阶段社区体育与单位职工体育密不可分的具体表现。

居委会应在街道办事处的领导下，做好居住区晨晚练点等体育组织的建设和管理工作，应通过多种形式的宣传、教育活动，提高居民的体育意识和体育兴趣，组织居民开展日常性、经常性的体育健身活动。

四、社区体育管理的基本内容

（一）社区体育资源管理

社区体育的资源主要包括人力、财力和物力。人力资源包括社会体育干部、社会体育指导员、体育教师、志愿者等，要对他们的使用、培养、考核与评价等方面进行管理；资金是开展社区体育的物质保证，社区体育的资金管理主要包括资金筹措与使用管理；体育场地设施是开展社区体育的重要条件；社区体育场地设施管理主要包括使用、维护和保养等方面。

（二）社区体育组织管理

开展社区体育需要建立一套较为完整的组织机构，社区体育组织管理的内容主要包括健全社区体育的各类组织机构，明确组织的工作目标和工作职责。同时，还要做好社区体育活动的组织实施等工作。

（三）社区体育活动管理

体育活动是社区体育的出发点与归宿，是社区体育组织的直接目标。社区体育的一切功能都通过具体的社区体育活动实现。社区体育活动主要包括体育活动的策划、组织实施、评估等方面。

(四)社区体育服务管理

社区体育服务管理主要包括社区体育服务网络构建、社区体育服务体系构建与实施、社区体育服务质量监管,以及社区居民体育服务需求、满意度管理等方面。

(五)社区体育文化管理

社区体育文化是指包括文化、娱乐、群众性文体活动及全民健身活动等内容在内的大文化概念。社区体育文化管理的具体内容是对文化娱乐设施进行规划和建设,组织健全各类文体活动组织,帮助和指导这些组织开展社区体育文化娱乐活动和群众性文体活动,引导社区居民进行全民健身活动,等等。

五、社区体育管理的基本方式

(一)处理好社区体育组织与行政机构的关系

目前我国社区体育组织以独立的民间性和半官半民性组织类型为主体,这类组织普遍存在着活动经费、场地、指导力量不足等方面的困难。因此,社区体育组织必须重视与当地政府行政机构的关系,依靠行政机构的支持及优惠政策,解决开展活动中遇到的自身难以解决的问题。可采用靠政府行政机构支持,聘请政府部门领导干部担任职务,与政府行政机构建立经常、稳定性联系等方式,形成与行政机构的良好关系。

(二)充分发挥驻区企、事业单位的作用

每一社区都有驻区的企、事业单位,他们在资金、设施和人力方面较社区更为雄厚,这是开展社区体育活动可借助的有利条件。社区体育组织应主动与驻区企、事业单位联系,做好宣传,得到他们的认同、理解和支持;吸纳企、事业职工参加社区体育活动;在活动中为企业进行广告宣传。另外,在开展社区体育工作中,也要重视发挥各级工会、共青团、妇联等组织的作用。

(三)充分发挥街道办事处与居委会的职能作用

基层人民政府应授权街道办事处主管辖区社会体育工作和组织实施辖区体育活动。街道办事处应成立以街道办事处行政领导挂帅、辖区内各有关单位参加的社区体育组织;应有部门管理体育工作,配备专兼职体育干部,在区人民政府体育行政部门的指导下开展工作。居委会这一层次辖区范围较小,人口数量相对较少,与社区居民联系最直接,所以是最适合开展社区体育活动的一级组织。而目前我国社区体育组织以街道为基本层次的情况较为普遍,使得社区体育组织管理"力矩"较长,力度不够。要改变这种局面,需将社区体育组织适当"下沉",加强居委会一级社区体育组织的建设,充分利用居委会熟悉情况、联系直接、易于组织的优势,组织开展群众性体育活动。居委会应协助街道办事处做好居

住区、楼群晨、晚练指导站等体育组织的建设与管理工作。

（四）大力加强宣传与指导工作

要进一步加强对体育锻炼的意义、作用和功能的宣传教育，通过各种形式的宣传、报道和培训来传播科学的体育知识与技能，形成体育健身的舆论导向，增强社区居民的体育意识，激发大家参与体育的动机，培养体育健身的兴趣，树立花钱买健康、投资健康的新理念。同时，要加强对城市社区全民健身活动的科学指导。

（五）建立社区健身组织

社区全民健身活动的健康发展除了加强宣传、教育、引导人们培养体育意识，强化体育健康观念，科学地进行组织、管理和指导以外，还必须有较为完善的社区健身组织给予强有力的支持和辅助。社区健身组织通过举办群众性的体育活动，将有相同兴趣、爱好和特长的社区居民集合在一起，有利于将分散的群众体育活动组织起来，使人们的体育锻炼更加科学、合理、有序，也有利于参与者之间相互交流锻炼的经验和心得体会，创造良好的体育锻炼的活动环境，养成锻炼身体的习惯，改善生活方式，提高生活质量。同时，有利于丰富人们的文化生活和社会交往，缩短人与人之间的距离，增进人们的感情交流，促进社会的和谐。

（六）通过多种途径筹集社区体育活动经费

组织开展社区体育的主要困难之一是活动经费不足，解决这一难题的思路是拓宽经费来源渠道。首先要增强自身造血功能，通过合法经营活动、有偿体育服务等手段获得活动经费；还可通过互利性活动，获得社区有关企、事业单位的赞助。此外，还可动员鼓励社区成员赞助，支持社区体育活动，同时积极争取政府行政部门给予一定的经费支持。

（七）以多种形式开展社区体育活动

社区体育以经常性健身活动为主体，坚持业余、自愿、小型多样，遵循因地、因时、因人制宜和科学文明的原则。在开展各种体育健身活动中，要讲究科学，注意安全，重在参与。实行传统健身养生法与现代健身方式相结合、个人锻炼与集体活动相结合、健身娱乐与医疗保健相结合、健身活动与节假日活动相结合，广泛开展形式多样的体育活动。

社区体育活动的参与主体是社区居民，其包括不同年龄、不同性别、不同健康状况、不同体育基础、不同体育锻炼需求、不同文化程度、不同职业、不同工作时间、不同经济状况的各种人群。为了尽可能地满足各种人群的不同体育需求，在设计与组织社区居民健身活动时要力求以人为本，与时俱进，服务居民，统筹兼顾各种人群的需要。社区体育活动的内容和项目的选择要突出趣味性、健身性、休闲性和社交性。社区体育组织可通过晨、晚锻炼点和辅导站来吸引居民参加体育活动。以楼群、家庭为单位组织社区体育竞赛，组成多种多样的运动队，参加社会上各种形式的比赛和表演活动。

(八)改善社区的体育场地设施

体育场地设施是人们从事体育锻炼的重要前提条件之一。随着全民健身活动的广泛开展、人们健康观念和健身意识的改变和提升,越来越多的人开始关注健康、投资健康,对体育健身的需求日益高涨。要本着以人为本、服务大众的理念,逐步改善体育运动的条件,为大众提供参加体育锻炼必要的体育设施和体育服务。为此除了依靠政府和有关部门兴建与扩建体育场馆、增加体育健身器械以外,各相关职能部门还应积极主动地相互协调、联合起来,挖掘和开发现有体育场馆、健身器械的功能和利用率。同时要重视和加强对社区内的企事业、机关、学校等单位所拥有的体育场地、体育设施科学合理有序的开放、使用和开发,以缓解大众体育场地设施的严重不足,最大限度地为社区居民提供可利用的体育锻炼的场地和设施,尽可能地解决和满足社区居民就地就近参加体育锻炼活动的需求,从而加快推动社区全民健身活动的开展,使更多的社区居民能积极参加体育锻炼,改善和丰富他们的生活方式,增进身心健康,达到提高生活质量的目的。

(九)建立社区体育工作的有效机制

社区体育的有效机制的建立可以从四个层面展开:第一,建立引导机制,要制定可行的管理制度,引导不同特点的人群参加喜闻乐见的社区体育活动。要积极开展形式多样的竞赛活动,激发居民体育健身的积极性。第二,应研究制定"体育先进社区评审办法",定期开展评比表彰"体育先进社区"的活动。第三,社区体育工作的义务性很强,为了调动社区体育工作者的积极性,必须建立相应的奖励机制。第四,将社区体育工作列入街道居委会的发展规划及其工作职责,通过建立社区体育管理的约束机制,保证和促进管理者为社区体育发展进行有效服务。

(十)探索新型的社区体育组织管理网络

社区体育组织可以按"条、块、片、人"四个管理层次构架社区体育的组织管理网络。所谓"条",即在政府的领导下,行政部门牵头,会同有关单位,对社区体育进行规划和宏观管理。各市、县(市、区)政府、街道等部门负责对本地区社区体育的组织实施。所谓"块",是在各级体育行政部门的指导下,以街道办事处为组织核心,吸纳辖区的机关、企业、部门、学校、居委会等,共同建立社区体育协会。所谓"片",即活跃在社区体育场馆、公园、绿地的群众自发组成健身站、活动点等组织。所谓"人",即抓好社会体育骨干人员的培养工作。社区体育组织管理网络的建立,在横向上突破了以往群众体育"以单位为主、以条为主"的管理体制,纵向上使社会体育深入基层,有利于形成"条块结合""以块为主"的新型社会体育管理体制。

第二节 职工体育管理

职工体育是社会体育的组成部分,是指在工商、企事业、机关、团体等职工中开展的体育锻炼活动,目的是提高职工健康水平,调节情绪,增强对各种环境的适应能力和防止职业病。职工体育以职工喜闻乐见的运动项目和适合职业岗位劳动特点的各种有益于健身和娱乐的锻炼项目为主。开展职工体育有助于单位实现开展职工体育的目的。

一、职工体育的概念与特点

(一)职工体育的概念

职工体育是我国社会体育的组成部分。职工体育概念是随着现代体育的普及和社会分工的深化而被明确提出来的,职工体育专指单位职工组织开展的社会体育,从参加对象上看,通常是国家机关、企事业单位的职工开展的群众性体育活动。职工体育通常以职工喜闻乐见的运动项目和适合职业岗位劳动特点的各种有益于健身和娱乐的锻炼项目为主。

我国职工体育是在1949年后发展起来的。在中华人民共和国成立之初,为"改善人民的健康状况、增强人民体质",党中央号召,职工体育作为群众性的体育运动首先在厂矿、机关开展起来。1954年中华全国总工会设立体育部,具体领导开展职工体育活动。1958年以后各地工会会同体委、人民武装部、共青团和妇女联合会等有关部门,在机关、厂矿、企业中开展了多种体育活动。1955年,全国总工会就制定了《关于开展职工体育运动暂行办法纲要》,对开展职工体育运动的方针、任务、组织领导、工作方法、场地建设、经费来源等具体问题做出了明确的规定。2010年,国家体育总局、中华全国总工会下发了《关于进一步加强职工体育工作的意见》(体群字〔2010〕88号),对我国职工体育的组织领导、活动开展、保障条件等做了具体规定。党的十一届三中全会以后,明确了职工体育运动要为现代化服务。《全民健身计划》中重点强调各企事业单位要加强开展职工体育,要因地、因人开展各种体育活动,引导职工健康、科学、文明健身。随着我国经济社会的不断发展、人民群众生活水平的日益提高,广大职工的体育健身意识得到明显增强,职工体育有了很大的发展。

(二)职工体育的特点

1. 工余性

职工的主要职能是完成本职工作。因此,他们的体育活动主要利用工余间歇、双休日、节假日时间,就地就近组织开展体育活动。

2. 健身娱乐性

职工开展体育活动的目的以健身、休闲、娱乐性质的活动为主，锻炼者往往根据个人的兴趣爱好、职业特点、工作时间、健康状况等灵活安排。

3. 交往性

职工体育活动除以健身为目的以外，还在于通过体育活动促进相互交往，融洽情感，增强本单位职工之间、领导与群众之间的凝聚力。

4. 多样性

多样性表现在两个方面：一是职工体育的活动形式多样，职工体育从以往的大型、集中、讲究规模的体育活动逐步趋于小型、多样、分散、自由、志愿的发展趋势；二是职工体育的活动内容多样，不同年龄、兴趣、爱好、性别的职工可根据自身需要，选择不同内容的体育项目。

二、职工体育管理概念

职工体育管理是指通过一定方式整合资源，以促使职工体育目的实现的过程。单位开展职工体育的目的主要是提高职工健康水平，调节情绪，增强对各种环境的适应能力和防止职业病。在社区体育尚未能有效替代企事业单位职工体育的现状下，职工体育仍是我国社会体育的组成部分，职工体育管理不但影响着职工体育的发展，而且发挥着不可忽视的作用。

职工体育是国家机关和企事业单位利用职工的职业组织性来开展体育活动，职工体育组织者的组织者包括国家机关、事业单位、国有企业、乡镇企业、国有农场、私有企业、外资和合资企业等。我国职工体育的工作方针是"以经济建设为中心，为社会主义物质文明和精神文明建设服务，为职工群众服务，面向基层、面向生产、面向广大职工"，它精练概括了职工体育工作的基本要求，可以概括为"一个中心、两个服务、七个面向"的工作指导方针。同时，这也是我国职工体育管理遵循的指导方针。

国家体育总局、中华全国总工会《关于进一步加强职工体育工作的意见》（体群字〔2010〕88号）指出，机关、企事业单位应当按照《全民健身条例》的要求，成立相应领导机构，加强对本单位职工体育工作的组织与领导，把职工体育工作列入本单位的工作规划，保障和监督职工体育工作规划的落实，协调和解决工作中存在的实际问题。

三、职工体育管理体系

（一）政府管理部门

1. 政府专门管理系统

职工体育在各级人民政府的统一领导下，具体工作由体育行政部门作为主管推动开展。职工体育管理的政府专门管理系统是对职工体育实行全面管理的专门机构的统称，由国家、省、自治区、直辖市、地（市）、县各级体育局构成。作为国务院的体育行政主管部门，国家体育总局统一领导、协调、监督全国体育事业，各级体育局主管本区域职工体育工作。国家体育总局群体司及各地体育局群体部门负责对单位体育的方针、政策、制度、规划的制定。根据《关于进一步加强职工体育工作的意见》，各级体育行政部门要发挥政府职能部门的主导作用，按照国务院《全民健身条例》的要求，将职工体育工作纳入本地全民健身总体规划当中，科学规划、全面统筹。

职工体育属于社会体育的组成部分，政府管理部门需要运用宏观调控手段，在面向全民的基础上，加强对单位体育工作的指导、配合、协调，充分发挥各级工会对单位体育的组织领导作用，体现单位体育管理以工会为主的特点。职工体育的开展计划，必须纳入体育管理部门工作整体计划中，以使体育管理部门从宏观上进行调控。在对职工体育的组织实施上，体育管理部门也要主动发挥领导和具体指导职能。

2. 政府非专门管理系统

职工体育管理的政府非专门管理系统由相关部门设立的主管职工体育的机构构成。除国家体育总局外，国务院其他部委分别主管各自单位系统的职工体育工作。

（二）社会管理体系

1. 社会专门管理系统

职工体育社会专门管理系统包括中华全国体育总会所属的行业体协和中华全国总工会及各级地方工会。

中华全国总工会系统作为我国职工体育的领导机构，各省市、县工会宣传教育文化体育部具体负责开展职工体育活动，地方工会以工人文化宫为主阵地、产业工会以工人俱乐部为主阵地，在行业体协和其他体育管理系统的协助下以单位为落脚点开展职工体育活动。

1955 年 10 月以前，中华全国总工会管理职工体育工作的机构是全国总工会下设宣传部。1955 年 10 月建立了全国总工会体育部。1982 年 7 月，体育部与宣传部、教育部合并，改称为全国总工会宣教部，宣教部下设体育处。1992 年 9 月，为适应职工体育发展的需要，并使组织机构名称与工作内容相一致，改称全国总工会宣传教育文化体育部，下设体育处。

根据《关于进一步加强职工体育工作的意见》，各级工会组织要充分发挥在组织开展职工体育工作中的重要作用，根据本地区、本单位职工体育工作实际，成立专门机构，配备必要的专职体育干部。

为进一步推动职工体育的发展，2004年3月18日正式成立了中国职工文化体育协会（下设职工体育委员会主管体育工作）。该协会是经民政部批准成立、由中华全国总工会主管的国家一级社团。该协会的成立，将工作目标确定为加强与党和国家有关文化体育部门的联系与沟通，大力推动社会各界关心支持职工文化体育工作，组织开展全国性的职工文化体育竞赛、交流、展演、展示活动，推动职工文化体育事业发展，指导基层单位和职工群众开展丰富多彩的文化体育活动。

各省、自治区、直辖市总工会管理职工体育的机构个别为体育部，绝大多数为宣传部。行业体协在所属部委领导下，作为中华全国体育总会的团体会员，负责本系统的体育工作。它们既属于群众团体，又是开展本系统职工体育工作的职能部门。行业体协由各类单位按系统组成，自成体系。行业体协具有雄厚的经济实力，较完善的组织机构、较好的体育设施、经验丰富的体育干部队伍及较为完整的教育体系，通过行业体协组织领导本行业的体育工作，易于管理、协调，便于开展活动。因此，它是推动整个单位体育工作不可忽视的力量。

职工体育协会是指在民政部门注册，由地方总工会主管的群众性体育组织和非营利性的社团法人组织。目前各厂矿、企业、事业、机关等基层单位普遍建立了从属于工会领导的基层职工体育协会，具体负责本单位的职工体育工作。也有少数单位是在基层工会委员会中建立职工体育工作委员会或体育部，也有的建立文化体育工作委员会或文体部。

基层社会体育组织一般是在体协领导下或指导下建立起来的，通常有基层体育协会、老年人体育协会、伤残人体育协会及各单项体育协会等。基层体协是群众自愿组成的业余社会体育团体，是中华全国体育总会的基层组织，具体负责本单位的职工体育工作。基层体协根据工作需要，设专人或一定机构分工负责日常工作，工会有一名主席或副主席分管体育工作。在车间、科、室设体协分会或体育委员，负责开展本部门的体育工作。

随着我国市场经济体制改革的逐步深入，职工体育组织近些年出现了许多新的创造和发展，一些省区建立了职工体育协会、联合会和基金会，一些城市建立了片区联合的地区体协、街道体协，有的厂矿建立了宿舍区的幢区体协，还出现了各种体育宣传部门，这些组织的特点是横向联系、结合经济、促进提高、推动普及。其中街道体育协会和体育宣传部门使职工体育活动与城市居民的社会的群众性体育活动在组织上联系起来，与整个城市的精神文明建设联系起来，既有利于使厂矿机关职工的体育得到更广泛的支持，又有利于推动整个城市社会体育活动的开展。

2. 社会非专门管理系统

职工体育社会非专门管理系统是指共青团、妇联等群众组织系统。我国全民健身计划的实施，为工会、体协与共青团、妇联等群众组织共同开展职工体育创造了良好的时机和条件。因此，工会、体协在开展活动时，应主动寻求共青团和妇联组织的配合和帮助。

四、职工体育管理的基本内容

（一）职工体质健康管理

依据《中国成年人体质测定标准施行办法》的规定，要积极开展职工体质测定工作，在医务部门的配合下，建立职工体质档案，科学指导健身。

（二）职工体育组织管理

职工体育组织管理包括对各级各类群众体育政府组织，专门负责开展职工体育的社会团体的组织机构设置、人员安排、资源调配等的管理。

（三）职工体育活动管理

职工体育活动管理主要包括宣传、竞赛、科研及对外交流等活动的管理。要利用一切传播媒介扩大体育科普宣传，介绍体育锻炼的作用和方法，表彰职工体育先进单位，吸引更多的职工进行体育锻炼；职工体育竞赛管理对职工体育的开展具有导向和控制的功能，管理的基本内容包括职工体育竞赛计划管理、职工体育竞赛的过程管理等。要对职工体育、身体锻炼、娱乐体育方面的科学研究及其成果推广进行管理，对体育科学刊物的管理，还包括对职工体育科研机构和人员的管理。职工体育对外交往管理包括和国际群体组织（如国际体育联合会）、各国职工体育组织之间的交往及民间交往等。

（四）职工体育场地设施及设备管理

开展职工体育的基本场地设施及设备的管理包括职工体育场地设施的规划、建设、经营开发和利用等。体育设备包括器材和服装的规划、购置等。职工体育场地设施是开展职工体育运动的基本物质条件，它不仅是职工进行体育锻炼的基地，而且也是活跃职工文化生活，进行社会主义精神文明建设的场所。因此，搞好职工体育场地设施的建设和加强对现有设施的管理，是职工体育组织部门一项十分重要的工作。

（五）职工体育经费管理

加强职工体育的经费管理，积极地开发、正确地分配、合理地使用职工体育经费，对于加快职工体育事业的发展，提高职工体育经费的使用效果具有极其重要的意义。职工体育经费管理的基本内容包括经费的筹集、分配和使用。职工体育经费管理的目标是提高资金的使用效果，即用最少的经费，取得最大的效果。

（六）职工体育评价管理

职工体育工作评价是检查和衡量职工体育发展水平的重要工作，包括体育人口的统计、职工体质的调查、疾病状况的调查、体质测定、体育物质条件的统计等等。

五、职工体育管理的基本方式

（一）争取单位领导对职工体育的重视和支持

企、事业单位领导对职工体育的认识水平和态度，直接影响着本单位职工体育的开展。只有领导充分认识和理解职工体育的功能、作用，认识到开展体育活动与单位主业之间的相互联系，才能对职工体育给予各方面的支持。许多职工体育先进单位的共同经验之一，就是领导重视体育，并能率先垂范，亲自参加体育活动。为此，职工体育管理部门应当经常主动地向领导宣传、汇报和请示体育工作，积极争取领导对职工体育工作的重视与支持。

（二）组织丰富多彩的体育活动和竞赛

要推广普及有利于广大职工积极参与的体育健身项目，组织开展形式多样的职工体育健身交流、展示和竞赛活动；要广泛开展符合职工身体状况和职业特点、喜闻乐见的健身活动和体育竞赛。开展职工体育活动要突出特色、趣味性和健身性，可结合节假日开展体育活动；要大力提倡广大职工在工余、双休日、节假日参加社区组织的各种体育活动；有条件的机关、厂矿、企事业单位，应向所在社区的居民开放体育设施，为居民参加体育活动创造条件。

（三）大力加强职工体育组织建设

我国基层职工体育的管理普遍是由从属于工会的体育协会等组织负责，为此，应始终加大对职工体育组织建设的力度。职工大部分生活都在单位内进行，工作区和生活区距离较近，职工对组织的依赖性也很强，以俱乐部的形式开展职工体育活动既方便职工在工作和生活之外进行锻炼，有利于开展职工体育，又可丰富他们的业余文化生活。职工体协可在俱乐部之外起宣传、指导的作用。而对于小的单位、机关、企业，可以与蓬勃发展的社区体育相结合来发展职工体育，亦可与社会办的健身俱乐部协同开展。

（四）积极为开展职工体育工作创造条件

各类机关和企事业单位应当把职工体育活动经费纳入本单位的年度财政预算，为开展本单位职工体育活动提供经费支持。各级体育行政部门每年应按照一定的比例从本级体育彩票公益金中拨出资金，用于组织开展本地区职工体育工作。各级工会和职工体育协会要多渠道、多形式筹措资金，积极争取财政经费和社会支持，发展职工体育事业，实现职工体育经费和资源的多元化。各类机关和企事业单位要积极为本单位职工参加体育健身活动创造条件，鼓励有条件的单位采取建设、开放、开办、合办等多种途径，新建职工体育活动设施。要加大现有体育场地设施的开放力度，将自己所掌握的场地器材，为群众提供方便，提高运动场所和运动器材的使用率。有条件的机关和企事业单位应当按照《全民健身条例》的要求，定期开展职工体育锻炼达标活动和体质测试工作，并把职工体质测试结果作为制订本单位职工体育工作计划的依据，努力提高开展职工体育工作的科学化水平。

（五）妥善处理不同利益主体间的关系

正确处理好主业与职工体育的关系。职工体育与企业生产是一个辩证的统一体，既有一致性，也存在着矛盾性。在两者发生矛盾时，要坚持生产第一原则，正确处理好体育活动和企业生产的关系，将体育活动融入企业生产建设和企业文化建设中。职工体育作为企业经济发展中的一个组成部分，不能脱离企业的中心任务而独自运行。在坚持职工体育常抓不懈的同时，还要根据生产任务或工作任务的轻重缓急，适当调整和安排体育活动。本职工作与体育活动从本质上不是对立的，但从时间分配上若协调不好就会出现矛盾，所以开展职工体育工作时一定要处理好两者的关系。

正确处理经济效益与职工体育的关系。搞职工体育活动是要花钱的，一些单位的领导认为花钱搞体育不值得，还有的单位因经济效益不好，认为没有活动经费就搞不了体育。事实上，无论经济效益如何，职工体育都应坚持开展。因为职工体育虽不能直接创造经济效益，但可以激发职工的积极性、创造性，提高职工的健康水平，间接地提高劳动生产率。这对于无论是经济效益较好的单位，还是经济效益不好的单位，都显得尤为重要。

处理好工时制度与职工体育的关系。我国现在实行每周5天、每天8小时的工时制，这种时间因素是开展职工体育活动所必须考虑的。只有处理好工时制度与职工体育的关系，才能兼顾和协调好生产与体育的关系，利用双休、节假日或班前、工间，适宜地安排小型、多样的体育活动，如广播操、工间操、乒乓球、羽毛球等。

（六）营造有利于职工体育发展的社会环境

职工的体育行为受职工体育意识、体育价值观的影响，要使广大职工自觉积极地参加体育活动，应从他们的体育意识上下功夫。各级管理部门要加强职工体育的政策指导和宣传鼓励，可采用板报、广播、电视、报纸、讲演、体育竞赛等方式大力宣传体育的作用，宣传体育锻炼积极分子的典型事迹，宣传科学锻炼的知识和方法等。通过宣传，营造出浓厚的体育氛围，鼓励、激励职工积极参与体育活动。要支持和鼓励广大职工对职工体育改革与发展中重大理论问题和实际问题进行大胆探索，提出对策建议。通过举办多种层次的职工体育学术会议，提供学术和经验交流的平台，提高职工体育科学化水平。

第三节 农村体育管理

农村体育是社会体育的组成部分,是指在农村开展的以健康、休闲、娱乐为目的的身体锻炼活动。农村体育具有鲜明的自身特点,必须遵循农村、农业、农民的基本规律实施科学管理。

一、农村体育的概念与特点

(一)农村体育的概念

农村体育是在农村地理范围内,以农村人口为参与主体所开展的体育。农村体育涉及特定的地域范围,它是在一定地域(农村)开展的体育。农村体育是我国体育事业的重要组成部分,它不仅是新农村建设的重点,也是农村工作中不可缺少的重要组成部分。我国是一个农业大国,广泛开展农村体育活动对于增强广大农民体质、提高农民的健康水平、丰富农村业余文化生活有着重要作用。改革开放以来,迅速兴起的农村文化中心、文化站、青年之家把体育活动作为重要内容,农村体育正朝着阵地化、经常化、多样化方向发展。

开展农村文化体育活动,丰富农村精神文化生活,是党和政府高度关注的重大命题,是全面建成小康社会的重要内容。党的十六届五中全会提出了建设社会主义新农村的重大历史任务。2006年中共中央国务院《关于推进社会主义新农村建设的若干意见》明确指出,要繁荣农村文化事业,加强农村公共文化设施建设,构建农村公共文化服务体系,推动实施农民体育健身工程,积极开展多种形式的群众喜闻乐见、寓教于乐的文体活动。随后,国家体育总局及时颁布了《关于实施农民体育健身工程的意见》,加大扶持力度,推动农村体育场地设施建设成为一种政府使命。

国务院发布的《全民健身计划(2011—2015年)》要求,地方各级人民政府将发展农村体育纳入当地全面建设小康社会和社会主义新农村建设规划,逐步建成城乡一体化的全民健身公共服务体系,增强农村基层体育公共服务能力。党的十八大报告再次强调,让人民享有健康丰富的精神文化生活,是全面建成小康社会的重要内容,要加大对农村和欠发达地区文化建设的帮扶力度,广泛开展全民健身运动,促进群众体育和竞技体育全面发展。

(二)农村体育的特点

由于农民在生产方式、生活环境和生活习惯等方面与城市居民存在较大的差别。因此,我国农村体育表现出如下特点。

1. 锻炼时间具有随意性和季节性

一般而言，农村体育的组织性相对较弱且农民体育活动的开展易受生产活动、体育意识及观念、健身条件等的限制，因而农村体育的随意性较强。农村体育由于受生产活动的影响较大，因而具有明显的季节性特点。在农忙季节的体育活动较少，或者至多是结合劳动和休息时间进行。只有在农闲季节或隆重节日，体育活动才具有广泛的社会性，也促使自发性体育活动延续和发展起来。

2. 活动形式灵活多样

在活动和组织形式上具有极大的灵活性。既可以个人为单位，也可以群体为单位；既可由社会集团组织，也可由参与者自由组织。就其身体锻炼的形式而言，更是丰富多彩，因人而异，因时因地制宜，没有统一的模式。同时，受经济及生活条件的制约，农民在选择体育锻炼时，大多选择经济实用且对锻炼场地条件等无特殊要求的项目，如拳、功、操等项目。

3. 体育活动内容丰富

中国的农民体育具有悠久的历史。在一些地方和少数民族地区，很早就有了武术、摔跤、马术、划龙舟等民间体育活动。我国农民体育活动的内容十分丰富，所以在参加体育锻炼的过程中，广大农民可以根据自己的具体情况随意选择自己所喜欢的活动内容。农村开展的体育活动内容多带有浓厚的乡土气息，有明显的文化继承的特点，如端午节南方农村开展的龙舟竞渡，北方农村正月闹社火、舞龙、舞狮、踩高跷、扭秧歌等，文化内涵深厚。

4. 体育活动的传统性较强

在中华民族的历史长河中，经过筛选、提炼，许多优秀体育项目一直流传到今天，具有鲜明的传统性，如新年的龙灯狮舞、端午的龙舟竞渡、重阳的登山活动。有许多项目被深深地打上地方烙印，南北东西各不相同，南方的农村喜赛龙舟，北方农村喜赛马。至于农村少数民族绚丽多彩的体育项目则更为突出，世界上像我国有几百种少数民族体育项目的国家十分少见，如叼羊、抢长炮、荡秋千、珍珠球、木球、射箭、摔跤等项目。

5. 体育开展的基础条件相对落后

由于我国农村经济基础比较薄弱、发展不平衡，不少地区的体育场地、器材仍非常匮乏，农民参加体育活动既无人组织，又无处可去，致使文化体育等健康文明的生活方式没有进入农民的生活中。另外，我国广大农村的体育观念相对而言比较落后，把劳动与体育等同，认为劳动能代替体育的观念依然占据大部分农民的头脑。要使大多数农民能自觉地、科学地、有组织地开展健身活动，是摆在每一位体育工作者面前一项十分艰巨的任务。

二、农村体育管理的概念

农村体育管理是指通过一定方式整合资源，以促使农村体育目的实现的过程。不同管理主体通过对农村体育的有效管理，可以实现以下目标：贯彻国家有关体育和农村工作的法规及方针政策，发展体育事业，增进农民的身心健康，培养有理想、有道德、有文化、守纪律的新型农民，建设社会主义新农村；紧紧围绕发展经济的目标，全面落实全民健身计划，大力倡导和推广适合农村特点、科学、文明、健康的健身方式，提高农民的生活质量；健全业余训练体系，发现和培养优秀体育后备人才；加强农村体育场地设施建设和管理，改善和提高群众体育健身的物质条件；发展体育产业，培育和发展体育市场；促进农村经济和社会的协调发展，为农业和农村工作服务。由于农村体育管理主体的层次、系统均有所不同，因而在实现上述管理目标的程度及侧重点上有所区分。

农村体育组织的主体主要包括县级体育组织、乡镇体育组织和村体育组织。县级体育组织主要包括县政府主管体育的部门及体育社会团体，主要职责是对本县范围内的社会体育进行规划和协调。乡镇体育组织是一个中介组织，主要负责乡镇范围内的农民体育工作。村体育组织是农村体育最基层单位，它直接联系广大农民，组织开展体育活动。

三、农村体育的组织管理体系

（一）政府管理体系

1. 专门管理系统

农村体育在各级人民政府的统一领导下，具体工作由体育行政部门作为主管推动开展。我国《宪法》第八十九条第七款规定国务院行使"领导和管理教育、科学、文化、卫生、体育和计划生育工作"的职权。中央和地方各级体育部门都相应地设立下属的司、处、科，领导和管理体育健身活动。国家体委《关于深化改革加快发展县级体育事业的意见》（国务院办公厅1996年11月25日转发）规定：县级人民政府负责领导、协调、监督和管理体育工作。农村体育是县级体育工作的重点。要把发展农村体育放在突出的位置，积极开展多种形式的农村体育活动，提高农民身体素质，为发展农村经济服务，为促进农村精神文明建设服务。国务院发布的《全民健身计划（2011—2015年）》强调，地方各级人民政府将发展农村体育纳入当地全面建设小康社会和社会主义新农村建设规划，统筹城乡全民健身事业发展，促进城乡体育资源和公共体育服务均衡配置，逐步建成城乡一体化的全民健身公共服务体系，增强农村基层体育公共服务能力。

国家体育总局2002年发布的《农村体育工作暂行规定》（体群字〔2002〕53号，以下简称《规定》）第一章总则第二条规定：各级人民政府体育、农业部门应当根据各自职责，做好农村体育的管理和组织工作；第一章总则第五条规定：农村体育应当纳入当地国民经济和社会发展整体规划，纳入社会主义精神文明建设和小康建设内容。各级体育主管部门应当明确农村体育在体育事业中的基础地位，加强政策支持和技术推广，加大资金投入，扶持体育场地设施建设。对在发展农村体育事业中做出突出贡献的组织和个人给予表彰和奖励。

《规定》第二章组织管理第八条指出：县级体育主管部门应当加强本行政区域农村体育工作，建立与当地农村体育发展相适应的工作机构，配备工作人员，会同有关部门推进农村体育事业的发展。从行政系统来看，县一级政府体育主管部门，在农村体育管理中起到了重要的作用。我国县级体育主管部门（体委）具有政府管理职能，部分体委辖有业余体校、体育指导中心、体育场、馆等事业单位和实体。县体委依法对全县体育事业、体育产业发展进行监督、管理等。但在20世纪90年代中期进行的政府机构改革中，部分县级体委被撤销合并，这在一定程度上削弱了农村体育的组织管理力量。在我国县级体育机构改革中，出现了保留、合并和变更为事业单位等多种形式，有的仍称为县体委，有的改称为文体委（局）、教体委（局）、体育局、文化体育卫生局、社会发展局、文教体委、文教体卫委、文教体卫广播委等，名称有40多种。

《规定》第二章组织管理第十条指出：乡镇、居委会应当加强对体育工作的领导，应当为群众参加体育活动创造必要的条件，支持和扶助群众性体育活动的开展。村民委员会、居民委员会和基层文化体育组织应当组织开展群众性体育活动。我国县级体育主管部门一般设有群体股，并有专人负责社会体育工作。

乡镇一级体育的管理部门是文体站，村级没有设立体育管理的专门机构，一般由村干部兼职管理。我国农村体育工作的基层管理单位是村委会、居委会。

2. 非专门管理系统

政府非专门管理系统是指在政府其他一些部门，如农业、教育、卫生、民政等也设有相关农村体育管理部门，负责本系统的农村体育工作。

（二）社会管理体系

1. 专门管理体系

社会管理部门主要包括管理农村体育工作的各级社会体育指导中心、体育总会，以及各级农民体育协会、民间体育组织等。

《规定》第二章组织管理第九条规定：有条件的县可以建立社会体育指导中心，乡镇、居委会可以建立体育指导站。县、乡镇、材和居民小区适时建立和发展体育健身点。社会体育指导中心、体育指导站、体育健身点应根据当地条件安排场地设施，制订工作计划，结合其他文化体育工作配备专兼职工作人员，安排一定的活动经费。县级体育主管部门和乡镇、居委会应当加强对社会体育指导中心、体育指导站和体育健身点的管理，为其开展工作创造条件。

《规定》第二章组织管理第十一条规定：县应当根据条件和工作需要，建立体育总会，对农民体育进行组织和指导。县、乡镇、居委会应当积极建立农民体育协会、老年人体育协会、单项体育协会等体育社会团体。体育社会团体应当加强自身建设，依照法律、法规和章程开展工作。

中国农民体育协会是组织指导全国农民体育运动的群众性团体，成立于1986年9月。宗旨是贯彻执行国家的体育法律法规，宣传党和政府有关体育工作的方针、政策，广泛团结农民体育积极分子和农村体育工作者，推动农民体育运动的发展，为促进广大农村的社会主义物质文明和精神文明建设服务。《中国农民体育协会章程》（经2002年10月11日第四届全国会员代表大会表决通过）规定：中国农民体育协会是组织与指导全国农民体育运动的非经营性行业协会，是中华全国体育总会的团体会员。在农业部、国家体育总局的领导和指导下进行工作。各省的农民体育协会是中国农民体育协会的团体会员。

农村乡镇体育协会主要包括老年体育协会和单项体育协会。小城镇的经常性体育活动一般由体育协会、晨晚练点及体育俱乐部负责，非经常性体育活动一般由体育行政组织负责。非经常性体育活动主要包括不定期开展的各种大中小型运动会、各种比赛、各种表演、技术培训等，经常性体育活动主要包括日常开展的晨练、晚练、广播操、健身操、跑步、散步、球类、武术和太极拳等。

农民体育民间组织是人民群众自发成立起来为了实现某种共同的体育目标的一类农民体育组织，主要包括基层体育指导站、体育健身点等。这类组织的基本职责如下：根据规程筹募活动经费、发展会员、增加农村体育人口；为会员提供活动场地、器材和技术指导等；组织某些相关活动的比赛或集会等；积极发展与其他相关活动协会之间的联系；等等。

2.非专门管理系统

农村体育的社会管理部门主要包括管理农村体育工作的各级工会、共青团、妇联等。政府非专门体育管理系统和农村体育社会管理系统对农村体育的辅助管理职能只停留在县区一级，到了乡镇就较少设立相应的机构。

四、农村体育管理的基本内容

（一）农村体育活动开展

农村体育活动管理主要包括各类活动的组织开展、宣传推广、监管以及评估等内容。

（二）农村体育组织管理

农村体育组织管理主要包括相关组织的机构设置、权限划分、运营机制等内容。

（三）农村体育场地设施建设

在当前农村体育资源非常匮乏的情况下，合理开发利用农村体育场地设施对推动农村体育具有十分重要的意义。农村体育场地设施管理主要包括场地设施的建设规划、组织实施、维护、使用、开放及运营等内容。

（四）农村体育骨干培养

农村体育骨干包括社会体育指导员和组织、指导群众开展体育活动的体育教师、教练员、裁判员及其他志愿者等。对农村体育骨干的管理主要包括体育骨干的选拔、培养、使用等内容。

（五）农村体育经费管理

农村体育经费是农村体育管理部门开展体育活动的财力资源。农村体育经费的管理主要包括对经费的筹措、分配、调拨和使用管理。

五、农村体育管理的基本方式

（一）充分发挥政府主导作用，争取有关部门的重视

各级人民政府体育、农业部门应当根据各自职责，贯彻国家有关体育和农村工作的法规及方针政策，做好农村体育的管理和组织工作。各级体育主管部门应当明确农村体育在体育事业中的基础地位，各县级体育领导机构都要从政治的高度、战略的高度认识农村体育工作的重要性。乡镇政府应把体育事业纳入乡镇经济和发展总体规划，经常研究体育工作，成立体育工作领导小组、农民体育协会及老年人体协等，由乡镇主要负责同志参与领导；建立体育站（或体育办）等机构，配备体育专干，关心、支持、督促他们的工作。

（二）广泛调动各种力量开展农村体育

动员和发挥各行业、各系统和基层政权，工会、共青团、妇联和其他社会团体，各企业事业单位以及个人单独创办或与体育部门采用合资、合作等多种方式联合兴办各种形式的基层农村体育组织。以多种形式办体育，努力促进城乡体育社会化，大力倡导社会团体和个人修建体育场所，自办小型竞赛和业余训练，设立健身辅导站，等等。加强与文化部门的协作，积极拓展乡镇综合文化站的服务功能，高度重视综合文化站的体育功能，切实加强建设和管理，整合资源，提高综合利用率，发挥其平台与阵地作用；乡镇企业作为推动农村经济发展的动力和催化剂，在农村体育的建设过程中所起的作用至关重要，应该对其加以引导。

（三）加强组织建设，不断提高农村体育的组织化水平

开展农村体育活动，必须首先建立健全农村体育组织网络，充分发挥各级农民体育协

会、农民体育俱乐部、体育辅导站等基层体育组织的作用，整合各方面资源，有效发挥其桥梁和纽带作用。县应当根据条件和工作需要，建立体育总会，对农民体育进行组织和指导。县、乡镇、居委会应当积极建立农民体育协会、老年人体育协会、单项体育协会等体育社会团体。体育社会团体应当加强自身建设，依照法律、法规和章程开展工作。有条件的县可以建立社会体育指导中心，乡镇、居委会可以建立体育指导站。县、乡镇、村和居民小区适时建立和发展体育健身点。社会体育指导中心、体育指导站、体育健身点应根据当地条件安排场地设施，制订工作计划，结合其他文化体育工作配备专兼职工作人员，安排一定的活动经费。县级体育主管部门和乡镇、居委会应当加强对社会体育指导中心、体育指导站和体育健身点的管理，为其开展工作创造条件。特别是要以乡镇文化站为中心，发挥其阵地作用，以农村体育积极分子（复员退伍军人；高、初中毕业回乡青年）为骨干力量，推动农村体育发展。

（四）创造和提供群众健身的场地设施

农村应在全面推进小康县、小康乡镇、小康村的建设中，搞好体育场地设施建设。农村体育场地设施建设应当按照国家有关公共体育场地设施用地定额指标的规定，纳入当地国民经济和社会发展规划及城镇建设规划和土地利用总体规划，合理布局，统筹安排。县级体育主管部门应当配合有关部门搞好各类体育设施建设规划。县城应当建设比较完善的体育场地设施。区位条件优越、基础建设好，已经形成一定规模的小城镇应当按照国家发展小城镇的部署，率先搞好体育场地设施建设，在农村体育场地设施建设中发挥引导、示范、带动作用。

县、乡镇、居委会应当坚持多样、实用、就近、方便的原则，在群众居住区建设体育设施。有条件的县、乡镇可以建设综合性群众健身活动中心，不断扩大和提高农村体育场地设施的建设规模和水平。县级体育主管部门应当会同有关部门发展公园体育和广场体育，加强对公园体育、广场体育的建设、指导和管理。县、乡镇、居委会应当鼓励企业事业组织、社会团体和个人投资建设体育设施。

县、乡镇、居委会应当加强对公共体育设施的管理和维护，保障功能完好，使用安全。农村公共体育设施应当向社会开放，方便群众开展体育活动，提高使用率和服务质量；还应当对学生、老年人、残疾人实行优惠办法。机关、企业、事业组织的体育设施应当创造条件向社会开放。

任何组织和个人不得侵占、破坏公共体育设施。因特殊情况需要临时占用体育设施的，必须经县级体育主管部门和建设规划部门批准，并及时归还。按照规划需要改变体育场地用途的，应当按照法律规定，首先选择适当地点，在不减少原有体育场地面积和不降低原有体育场地标准的前提下，新建体育场地后，方能改变原体育场地用途，非法侵占、破坏公共体育设施的组织和个人，应当承担法律责任。

（五）积极筹措，合理利用农村体育经费

农村体育事业经费和体育基本建设资金应当列入县级财政预算和基本建设投资计划，并随着经济发展，逐步增加对体育事业的投入，乡镇、居委会应当随着经济的发展适当投入体育事业经费和体育基本建设资金，发展体育事业。县、乡镇、居委会应当鼓励企业、事业组织、社会团体和个人以投资、捐赠和赞助等形式支持发展体育事业。

在国家财政困难，对农村体育投资不足的情况下，可以采取稳定体彩公益金支出、向社会集资、吸引企业赞助、个人捐赠及经营创收等方式筹集资金。体育彩票公益金的使用，有力地推动了我国体育事业，特别是社会体育事业的发展，体育部门在认真贯彻执行有关体育彩票公益金的使用办法及规定的同时，应稳定对农村体育事业的投资力度；农村体育的管理部门或机构先提出集资项目、集资金额、集资方式和使用计划，并报经所属区、县及乡镇人民政府审批后，面向社会筹集农村体育发展经费的一种集资形式。社会集资应坚持投资自愿、平等、互利、风险共担的原则，集资的对象广泛，不分国内还是国外、农村还是城市、集体还是个人，集资的内容包括资金、物资、设备、技术等；充分调动乡镇企业及村办企业投资农村体育的积极性，并充分发挥其模范带头作用，对推动农村体育事业的繁荣与发展具有重要的现实意义。为此，要完善农村体育的投资体系，并制定相应的政策法规，对企业的赞助行为给予相应的补偿和利益回报；各级体育部门和机构应抓住时机，并通过制定相应的政策法规，面向社会积极吸纳个人捐赠，这对减轻国家财政负担、拓宽农村体育经费来源渠道具有重要的意义。

（六）组织开展农村体育活动

农村体育活动应当坚持与生产劳动、文化活动相结合，坚持业余、自愿、小型、多样和因人、因时、因地制宜、科学文明的原则，利用传统节日和农闲季节，开展群众喜闻乐见、丰富多彩的体育活动。农村体育竞赛和表演活动应当突出经常性、普遍性、民族性、多样性、趣味性和科学性。任何组织和个人都应当依法开展体育活动，严禁在体育活动中从事赌博、封建迷信和一切违法活动。

应充分发挥各级农民体协、乡镇体育指导站等基层体育组织及乡镇文化站、村民委员会的作用，大力开展"亿万农民健身活动"。农村体育健身活动应坚持"因人、因地、因时制宜和业余、自愿、小型、多样、文明、节俭"的原则，要与广大群众喜闻乐见的、健康的体育文化娱乐活动相结合，与民族特色传统体育活动相结合，与农闲季节、农村集市、传统节假日相结合，与农村的精神文明建设相结合。

我国的节日较多，除传统节日外，各地还有许多地方性和临时性节日，可充分利用这一机会组织安排有特色的各种体育娱乐活动。

应重视率先富裕起来和体育基础较好的乡镇、村的体育活动，乡镇体育竞赛活动要注意小型、多样、趣味，方便群众参加。有条件的县可结合当地实际举办县级体育运动会和

中小学生运动会。有条件的乡镇也可举办一定规模的单项竞赛和综合性运动会，逐步形成制度，形成当地的体育文化特色，以推动群众体育活动的广泛开展。在组织农民参加体育活动时，要侧重于趣味性、健身性、休闲性、社交性。同时还要注意选择地方特色浓郁、民间传统突出的项目，以适应农民的需求特点。

乡镇、居委会应当加强对体育工作的领导，应当为群众参加体育活动创造必要的条件，支持和扶助群众性体育活动的开展。村民委员会、居民委员会和基层文化体育组织应当组织开展群众性体育活动。

（七）发展农村体育骨干力量的示范引导作用

要重视体育干部队伍建设，定期组织基层体育干部的学习和培训。注意帮助他们解决一些实际困难和问题，注意改善基层体育工作的条件，落实有关待遇和政策。要加强对县级体育工作的领导，经常深入基层进行调查研究，总结基层工作经验，制定法规政策，指导基层体育工作。

要加强社会体育指导员队伍的建设，组织各种业务培训，并会同当地工商、物价、税务等行政管理部门加强对社会体育指导员开展经营性体育活动的管理。社会体育指导员可按照有关规定积极开展体育技能传授、健身指导、组织管理及体育表演、体育咨询等有偿或无偿服务，可按照相应技术等级收取报酬。

体育教师、教练员是保证开展青少年体育工作的骨干力量。学校应当按照国家有关规定，配备合格的体育教师，达不到配备标准的必须配备兼职体育教师，业余体校应按有关规定配备合格的教练员，对体育教师、教练员要定期培训，以提高他们的业务水平。要关心体育教师、教练员的切身利益，按照国家有关规定做好其专业技术职务评聘工作，其工资待遇按照国家有关规定执行。

（八）加强农村体育的宣传工作

各级体育行政部门应针对农村大力宣传全民健身知识，指导开展全民健身活动。同时，新闻媒体应当加强对农村全民健身活动的宣传，推广科学、文明、健康的全民健身项目和方法，普及全民健身知识。各级体育部门应充分利用电视、网络、广播、报纸、杂志等宣传媒体及多种形式，加大宣传力度，通过开展不同层次、不同形式的宣传、咨询活动，不断增强农村居民的体育健身意识。

（九）开展农村体育工作的检查评估

对于开展农村群众体育娱乐和健身活动好的乡、村、组、家庭和个人，给予充分肯定，并以他们的切身体会教育和带动更多的人加入锻炼身体的行列。

"争创体育先进县"活动是1985年经国务院批准，在广大农村开展的每两年一次的评选活动，农村体育管理部门要组织"全国体育先进县"的评选，农村参加评选活动，可以使体育工作者有明确的努力方向和奋斗目标，进一步调动和激发他们做农村体育工作的积极性。同时，还要对基层农村体育的开展情况进行检查和评估，发现存在的问题，并做到及时解决，促进农村体育的发展。

第四节 商业型健身俱乐部管理

商业型健身俱乐部是社会体育的组成部分，是为满足大众健身、休闲、娱乐等需求，经营者以商业型健身设施为活动场所，依靠市场机制和利益机制运转的健身俱乐部，其经营的主要目的在于营利。商业型健身俱乐部的管理需要整合各种资源，以提供优质服务，满足会员需求为核心。

一、商业型健身俱乐部的概念与特点

（一）商业型健身俱乐部的概念

健身俱乐部起源于欧美。在当今欧美等发达的西方国家，健身已经不再是追求时尚，更重要的是获得健康，它已逐渐成为人们生活中的一部分，成为生活必需品。随着我国广大人民群众健康意识的渐渐提升，人们对提高生活质量的需求日益旺盛，对健康的身体、完美的体形也日益重视，健身运动已被越来越多的人所接受。20世纪80年代初，我国一些城市开始出现经营型健身房。进入20世纪90年代以来，我国居民用于体育消费的支出在收入中所占比例不断上升。人们对自身健康的追求越来越强烈，"花钱买健康"作为一种时尚观念正被越来越多的人所接受。在经济社会大环境和体育产业化的双重作用下，体育消费市场迅速扩大。健身俱乐部首先在经济发达的大城市出现，后向中等城市扩展，现在正向中小城市蔓延，形成一股强劲的浪潮。近年来，国际著名体育健身俱乐部连锁机构和管理顾问公司开始进入中国，他们在带来国际上最先进的俱乐部管理观念和模式的同时，也使国内的大众体育消费产业竞争更加激烈。

在我国，按健身俱乐部经营的性质，可分为公益型和商业型两种。公益型健身俱乐部是指各种为满足广大人民群众的健身要求，以开展群众体育活动、增进身体健康为主要目的的体育社会组织。其经营的目的在于为广大人民群众提供健康服务产品，如国家体育总局于2000年推出利用体育彩票公益金兴建的青少年体育俱乐部及社区体育俱乐部等。商业型（也称经营型）健身俱乐部是指为满足大众健身、休闲、娱乐等需求，以商业型健身场地设施为活动场所，依靠市场机制运转的体育经济组织。其经营的目的在于营利。

商业型健身俱乐部包括健康城、健美中心、保龄球馆、旱冰场、高尔夫球场、网球馆

等组织形式。既有综合性的，也有单项的，均以开展群众体育活动为主。商业体育俱乐部面向市场，根据各种不同层次、水平和爱好的人的体育需要，提供相应的服务，与消费者进行等价交换。这类俱乐部场地和设备都比较先进、完备，活动时间较长，活动内容比较丰富，有专人进行指导，服务水平较高，收费也比较适中，一般工薪阶层都承受得起，因而备受欢迎。一些高级的商业型体育俱乐部除了健身服务外，还提供娱乐、餐饮、旅游、度假等综合服务。这类俱乐部开展的运动项目，主要是高尔夫球、网球、桌球等比较高雅的项目，同时大都配备游泳池、力量训练房、保龄球馆等一般综合性体育设施。在辅助设施方面，有的还配有花园、钓鱼池、美容厅、按摩室、舞厅、钢琴厅、酒吧、咖啡厅、高档会客厅和豪华客房等，成为上层人士运动、游乐、社交和洽谈生意的理想场所。

改革开放和经济的高速发展为兴办各种类型的健身俱乐部奠定了雄厚的物质基础，适宜的体育政策为健身俱乐部的发展提供了政策上的根本保障。自20世纪90年代末以来，我国体育健身产业蓬勃发展，健身俱乐部的数量大幅度提高，规模扩大，发展体育健身俱乐部既是群众体育需求不断增长的要求，也是我国在体育改革中不断推进体育社会化和产业化取得的成果。因此，采取有力措施，积极扶持健身俱乐部的发展，发挥健身俱乐部在社会体育中的作用是我国体育改革的一项重要内容，是满足我国广大人民群众体育需求的重要内容。

（二）商业型健身俱乐部的特征

1. 以营利作为俱乐部生存发展的根本目的

商业型健身俱乐部作为名副其实的商业领域企业，要以提供较高质量的体育服务为手段来营利，企业也会因此获得生存发展的基础。

2. 以有效营销作为俱乐部生存发展的基本条件

大型综合商业俱乐部往往集游泳池、球类馆、力量练习馆、健美体操馆、娱乐中心、桑拿浴、恢复中心甚至酒吧、饭店于一体，来到这里健身的人可以随心所欲地尽情开展体育、文娱、餐饮等休闲活动，满足人们多方面的需要。高级商业型健身俱乐部与一般商业型健身俱乐部大体相同，所不同的只是高级商业型体育俱乐部的服务对象大都为社会名流和绅士富豪，因而这些俱乐部的环境更加优美，设施更加豪华、先进，服务更加周到。市场营销理念已成为商家普遍遵循的基本理念，在满足上述消费者需求基础上实现俱乐部生存发展则要靠有效的营销手段来实现。

3. 以提供体育服务作为俱乐部的核心产品

商业型体育健身俱乐部提供的健身服务产品不具有实物形态，没有物质产品的体积、长度、重量等。无论是健身教练，还是健身俱乐部工作人员，提供的都是一种"活劳动"。尽管体育健身服务产品不具有实物形态，但它仍具有消费性，通过体育健身俱乐部的健身消费，可以满足消费者的需求。科学健身为消费者带来身体形态的明显变化，增进健康，增加美感，给消费者带来心理的满足。另外，体育健身服务产品的生产与消费是在同一时间、同一地点进行的。健身者在健身教练的带领下一起进行健美操练习，或者利用健身俱乐部的各种健身器材，进行肌肉的刺激与形体的塑造，既是健身俱乐部提供健身服务的生产过程，也是消费者接受健身服务的消费过程。

4. 以较长时间营业作为满足顾客的主要方式

商业型健身俱乐部一般都从清晨到深夜全天开放，周末和节假日也不例外。每个顾客都可自由选择最适合的时间。例如，在国外一般晚上是以上班族为主，6时半到8时半老年人居多，白天则是孩子们的天下。顾客大都买年票或月票，也有临时买票来此活动一下的。一般是只要有票，各馆都通行无阻。有时组织特殊内容的讲习班，则须另行缴费。

二、商业型健身俱乐部管理概念

商业型健身俱乐部管理是指通过一定方式整合资源，促使商业型健身俱乐部目的实现的过程。理解这一定义，需要注意以下几点：

1. 俱乐部的管理主体多元，最基本的管理主体是俱乐部的投资和经营管理者，发展俱乐部的根本目的是在满足人们健身需求的基础上实现利润的最大化。此外，俱乐部还与体育行政主管部门、工商行政管理部门，以及产业协会等多部门的工作有关，在这种情况下俱乐部在满足人们健身需求同时，也推动和促进了居民健康素质的提高、第三产业的发展以及丰富了精神文明建设。不同管理主体对俱乐部管理的目的就是促使俱乐部上述目的的实现。

2. 俱乐部管理者的经营管理水平的高低直接关系到俱乐部的效益。俱乐部经营管理的主要任务就是吸引会员并留住会员，而影响这一过程的基本因素包括健身房选址是否准确、收费是否合理、环境是否舒适、设施是否齐全、服务是否到位、经营品种是否具有诱惑力、健身指导是否专业、俱乐部推销和宣传手段是否到位等诸多方面。

3. 俱乐部所需资源包括教练员、服务人员、营销人员、场地设施、财务、信息、关系等。为了实现俱乐部的目的，管理者必须充分发挥各种资源的最佳绩效，不仅需要采用合理计划、组织、控制等管理的方式，还需要通过建立各种规章制度、制订各种措施方案、采用各种营销手段等促使俱乐部存续目的的实现。

三、商业型健身俱乐部管理的基本内容

（一）俱乐部的投资

俱乐部的投资是俱乐部后续发展的基本前提。健身俱乐部的经营过程就是吸引会员并

留住会员的过程,而影响这一过程的基本因素包括健身房选址是否准确、收费是否合理、环境是否舒适、设施是否齐全、经营品种是否具有诱惑力、健身指导是否专业、服务是否周到、俱乐部推销和宣传手段是否到位等方面,这就需要对俱乐部发展做出合理的投资规划。

(二)俱乐部营销管理

商业型健身俱乐部的生存发展与其科学、合理的市场营销密不可分。商业型健身俱乐部的市场营销是指俱乐部通过一定手段满足消费者需求的过程。借鉴市场营销学的服务营销理念,健身商业型俱乐部的市场营销可以从产品(Produot)、定价(Prioa)、渠道(Plane)、促销(Promotion)、人员(People)、有形展示(Physical evidenoe)和过程(Process)等方面进行考虑。

(三)俱乐部组织管理

俱乐部组织管理主要是对组织结构的设置进行管理。俱乐部组织结构对提高服务质量,提升竞争力有重要作用。合理的组织结构、明确的职责分工有利于部门间联系与沟通、互动与支援、分工与合作,朝向共同的目标而努力。商业型健身俱乐部的组织结构受多种因素的影响,各健身俱乐部有所不同。小型健身俱乐部一般组织架构简单,主要由管理层及运营部(销售部)组成。工作人员由教练员、场地维护管理人员、销售人员组成。

高级商业型健身俱乐部一般都设董事会和理事会。董事会由资方代表组成,是最高领导机构,决定俱乐部的经营大计。理事会为最高管理机构,设理事长一名、副理事长若干名、常务理事和理事若干名。理事长由董事会任命,副理事长经董事会推荐由理事会聘任。理事会成员协助理事长管理俱乐部的各项业务。理事会为顺利完成俱乐部的各项经营工作,可设立若干专业委员会,并吸收一些专家、名流担任理事、委员和委员会负责人。健身俱乐部的业务部主要负责对外联络,包括发展会员、制订规划等;事务部主要负责内部运营管理,如吧台管理、柜台管理、会员管理、人事管理等;运动部主要负责健身项目及提供相关健身服务;医疗部主要负责会员的医疗咨询服务。

俱乐部组织管理的基本内容还包括对俱乐部组织运作方面的管理,主要涉及俱乐部组织协调与沟通、组织动力、组织文化、组织变革和组织绩效管理等。

(四)俱乐部人力资源管理

规模较大的健身俱乐部的人力资源大体可以分为四类:管理人员、教练、场地设施维护人员和服务人员。作为一个企业,健身俱乐部同样要有基本的人事构架和工作分工,如财务、市场、销售、教学、服务,各个岗位的人都要经过专业的培训。

1. 管理人员

管理人员主要指健身俱乐部的总投资人及各连锁点的行政管理者。俱乐部的经营理念是俱乐部企业经营管理的指导方向，是其在市场竞争中实现经济效益和社会效益最大化的行动指南，因此俱乐部企业必须主动适应环境等因素的变化，主动更新经营理念。经营理念引入健身俱乐部产业是中国健身业步入市场经济轨道的重要标志之一。20世纪90年代后期，我国健身俱乐部行业的经营理念、经营目标和经营行为有了明显转变，健身俱乐部根据产业环境与条件的变化，结合自身情况，以市场为主导、以客户为中心、以人为本及以质量、服务为宗旨的市场营销理念正在形成。

2. 健身教练

目前人们已经不满足于简单的、直观的、分散的室外健身，他们需要有组织的、有专业教练指导的健身，渴望得到更多的健身知识、健身指导，健身教练的需求量随之增多。一支健全完善的教练员队伍是俱乐部高速发展的基础。为了更好地发挥教练员在俱乐部中的作用，调动其执教的主动性，更好地为会员服务，使俱乐部朝着健康有序的方向发展，在教练员队伍的建设上应适应市场不断发展的需要，尽快调整好教练员队伍结构并加大培训力度。

近年来，健身行业需要大量具有专业素质和服务意识的教练，因此，健身教练必须具备专业素质和服务意识。健身教练的专业素质包括专项技能和相关知识。专项技能主要是获得资格证书和各种技能培训。专项知识包括体育保健学、运动生理学、运动医学、人力资源管理、心理学、测量学、教育学、营养学等知识。目前教练员认证制度已经基本完善，所以，在聘用教练员的时候要有标准和尺度，根据俱乐部的定位选择合适的教练人员。越来越多的健身房开始注重技术指导环节薄弱的问题，拥有各类国际级别私人教练的健身房，也成为各大健身房招徕顾客的资本之一。目前国内的教练培训主要针对专业方面，在服务意识方面略有欠缺。高素质的教练不仅要具有专业资格，良好的服务意识也是赢得顾客的重要砝码。

3. 场地设施维护人员

一个好的健身场所离不开科学的健身计划和运动指导，人们希望到这里来不仅要得到锻炼，还要体会到一种身心放松的感觉。俱乐部的环境与服务条件使它把健身和休闲的功能集中在一起，使锻炼者和经营者之间的距离拉得很近。场地设施维护人员需要进行上岗培训，负责场地的卫生管理和器材的技术维护工作。这些维护人员要有敬业精神和责任心，他们虽然不同于管理者会做出重要的决策，但他们的工作是健身俱乐部正常运行的基础。

4. 服务人员

服务人员将给予消费者对俱乐部的第一印象。服务人员的水准建立于消费者对俱乐部的期望与标准基础上，服务人员良好的仪容能使消费者感到光临更有价值。

服务人员的礼节规范如下：主动提供服务，以表现对其热心的照顾；对会员的要求应耐心且有礼貌地办好；不要离开你所服务的会员太远，免得会员有需要时没有人去服务；随时保持自然、亲切的笑容，表达我们对会员的欢迎和感谢；随时注意自己的身体语言及得体的对答。

（五）俱乐部场地设施与健身器材管理

大型体育健身俱乐部往往需要对健身场馆进行豪华的室内外装修，一些超大型体育健身俱乐部还配有多种辅助服务设施，如停车场、游戏厅也大大增加了经营成本。通过兴建多样的服务设施树立品牌形象来增加健身者的舒适度。健身设施管理混乱无疑会给俱乐部的形象打折，例如健身器械的档次不低，但哑铃片、杠铃片、小哑铃等小配件散落一地，健身者走来走去十分危险，同时也给训练带来许多不便。作为教练员或服务生应随时随手将哑铃片等放在规定的位置，并要求会员也养成这样的习惯，利人利己。另外哑铃组的摆放一定要按磅数递增，不可乱放。杠铃通常在无人来之前不放配重，有人练过之后及时将配重拆下以便他人使用。杠铃片的拆置要整齐有序，重视美观和方便。

俱乐部的物品和装饰时常会出现许多小问题，这些小问题虽不会影响使用或给俱乐部带来安全隐患，但会影响美观，会给会员带来不舒服的感觉（如不更换坏掉的灯泡）这些小事往往会被忽视，但会员却记忆深刻，管理者应格外注意。

（六）俱乐部会员管理

由于商业体育俱乐部的从业人员的服务都是在销售"服务"，因此让会员满意是商业体育俱乐部的营业宗旨。俱乐部要主动、积极地与客户联系，充分了解会员的意见、反映并介绍自办的各种活动，邀请会员参与，加强会员与俱乐部之间的互动。俱乐部依据自身的定位，积极主动地策划各种活动，引导会员参与，并通过活动制造各种消费，创造利润，使会员产生适用感、实用感、尊贵感。同时由于入会费是商业俱乐部的重要经济来源之一，良好的会员售后服务及会员服务工作是俱乐部长期招募会员的最佳方案。俱乐部针对不同年龄、不同层次的会员的需求，策划出相宜的活动，吸引会员及其家人参与，来凝聚会员与俱乐部之间的感情。

目前体育健身俱乐部主要提供的消费方式分为会员制消费、各种培训课程和普通的日费消费。会员制是健身俱乐部提供的一种主要服务方式，它是通过引导健身消费者进行长期的健身消费，而为俱乐部的发展提供保证的一种普遍的营销方式。成熟的会员制同样标志着一个健身俱乐部的档次和信誉，因此，推行会员制需要有一套完善的会员管理制度。健身俱乐部的会员分荣誉会员、个人会员和团体会员三种。荣誉会员是指对俱乐部做出重大贡献的会员，这类会员往往须经理事会推荐、董事会批准，除享有荣誉称号外，在会费方面还可享受一定优惠直至全免。团体会员是指以单位名义参加的会员，会员证本单位的人均可使用。个人和团体会员的会员证有的俱乐部不分等级，有的俱乐部分金卡、银卡、铜卡三个等级，每个等级的收费标准和权利不等。会员的会费分入会费、年会费和保证金三种。入会费是入会时的注册费，一次缴纳，退会时不退款。年会费每年缴纳一次。保证金是会员在俱乐部内的信誉担保，无利息，会员如拖欠俱乐部费用时可从保证金中扣除，退会时可退还给会员。在实行等级制的俱乐部，上述三种费用均分别按三个等级的标准收取：金卡最高，银卡和铜卡递减。团体会员的这三种费用，一般均高出个人会员费用的1倍。

会员卡是会员在使用商业俱乐部各项设施或要求商业俱乐部提供各种服务时，用作识别身份、登录或结算消费的。持有俱乐部会员卡的消费者可前往俱乐部及所属设施消费。会员在接受俱乐部所提供的服务后，应出示会员卡。当会员卡遗失时，原持有者应于一定期限内向俱乐部提出申请补发，并支付补发费用。

（七）俱乐部服务管理

服务质量是衡量俱乐部服务对消费者服务期望满足的程度，即俱乐部所提供的服务是否符合消费者的期望。俱乐部服务质量体现在会员发展、入会、现场感受、售后服务等方方面面，绝不能仅仅停留在会员的现场体验上，主要包括服务设施的保养维护、服务时间与迅速性、服务人员的态度、服务环境等诸多方面。商业俱乐部在进行服务质量的管理时，一般以会员的需求、依据会员的满意度调查开发的新服务、对员工的激励方式、衡量系统需求对员工的影响等为衡量原则。为了提高俱乐部的服务质量，满足不同会员的消费需求，赢得会员的信心，必须加强俱乐部服务人员的训练与专业技能，提高对服务人员的监督，授权一线工作人员更大的处理权与判断范围，以技术、教育及质量为导向挑选服务人员，要塑造员工的荣誉感与质量感，掌握服务人员接洽业务的服务质量与绩效。

（八）俱乐部财务管理

俱乐部在制订财务计划时，应当注意会员招聘的支出、会员招聘的奖励费用、会员的随机消费机会、俱乐部管理成本等方面。俱乐部的财务管理主要包括制订收支计划、资金周转计划、资金调度计划三项重要财务管理计划。其中最为重要的是收支计划，它分为收入计划和支出计划两个方面。收入计划主要是以销售计划设定目标销售额，预测何时可有多少收入，包括销售收入的预测、销售收入以外的其他收入的预测。支出计划主要是采购贷款的支出计划、人事费用的支出计划、促销费用的支出计划、其他销售费用及一般管理费用的支出计划等。俱乐部的管理人员只有有效地掌握了财务计划，从数字上客观地了解俱乐部的实际运作状态，才能进行卓有成效的财务管理。

四、商业型健身俱乐部管理的基本方式

（一）做好俱乐部的客户关系管理

1. 要对俱乐部的客户类型有清醒的认知

俱乐部的客户即俱乐部会员。一定数量的俱乐部会员是俱乐部生存发展的基本保证。按照客户与俱乐部合作程度来划分，可把俱乐部客户分成潜在客户、预期客户、忠诚客户和流失客户等。潜在客户是指具有健身需求并具备购买动机和购买能力的个人或组织，究竟是否购买或购买哪一家俱乐部的服务尚不明确，需要俱乐部花大力气争取。预期客户俗称"准客户"，是指俱乐部经过调查研究确定的有明确的健身服务需求意向，但尚未开始合作的个人或组织。忠诚客户是指对俱乐部有高度信任，并与俱乐部建立了长期、稳定合作关系的现实客户。流失客户是指曾经是俱乐部的现实客户，但由于对服务不满，现在不再购买健身服务的客户。

2. 要针对不同类型的客户进行有效的沟通管理

由于每个客户的性格、习惯、爱好都不一样，采取的沟通方式也应有所区别。针对潜在客户，应花大力气争取。一旦成为俱乐部的现实客户，还需要持久的客户沟通与服务。会员流失，往往缘于健身俱乐部在健身效果、服务方面不能让会员满意或出现其他管理上的疏漏使会员感觉不快，有时会员会从表情或言谈举止上表露出来。当会员出现要流失的兆头时，俱乐部就必须快速做出反应，加强与会员的沟通、交流，耐心倾听会员的意见与要求，修复会员的良好感觉。针对流失客户，要积极与他们联系，让他们感受到关心，给他们反映问题的机会，缓解他们的不满，了解问题出在哪里，以便及时改进，防止其他客户流失。要积极进行客户满意度调查，做好客户回访，正确处理客户投诉。

3. 要建立完善的客户关系管理信息系统，建立客户关系数据库

要运用数据库技术，全面收集关于现有客户、潜在客户或目标客户的综合数据资料，追踪和掌握现有客户、潜在客户和目标客户的情况、需求和偏好，并且进行深入的统计、分析和数据挖掘，从而使俱乐部的工作更有针对性。

（二）对俱乐部服务质量进行有效控制

健身俱乐部不仅仅是产品销售的场所，更重要的是做好服务。健身俱乐部只有提供优质服务，才能不断吸引会员的加入。俱乐部在日常经营活动中，不断创新服务形式，丰富服务内涵，扩大服务范围，建立以人为本、以会员需求为导向的服务理念，保证以质优安全的产品、周到细致的服务，让会员满意。细节化的服务是让会员进店后享受全面而愉快的运动体验，这就要求每一个细节都尽量做到妥帖周到，如递毛巾、体测、首次运动的每

一个动作等，都尽可能让会员感到满意，甚至是超越预期。

要建立标准化的服务。例如，在店外接待—引领入位—前台咨询—健身服务安排—服务中—服务后再次前台咨询—送宾—3天内售后跟踪整个流程中，语言动作规范，服务标准明确，明确到引领走客人的哪个位置、倒水姿势及角度、水杯中水的容量，以及标准化语言等，所有员工都按这个服务标准去服务，客人享受到的才是一个规范的、优质的服务。

应充分识别会员的需求特征，为会员提供差异化服务是健身俱乐部提供独特价值的前提，会员的需求特征既包括一些"公共特征"，如追求效果、方便快捷，还包括"个性特征"，如服务的个性化，也就是为会员提供专业化、亲情化服务，体现"差异化"服务价值。健身俱乐部应该掌握时尚趋势，引进最新课程，定期搞活动吸引会员前来消费。只有特色服务、特色产品以及特色活动三者结合，才能留住会员的心。

（三）对俱乐部服务人员做好使用和开发

健身俱乐部由不同类型的服务人员组成。在俱乐部提供健身服务产品的过程中，服务人员是一个不可或缺的因素。一个高素质的员工能够弥补由于物质条件的不足带给消费者的遗憾。例如一名优秀的俱乐部教练员既是服务项目的传授者和宣传媒介，又是体验氛围的营造者。因此，对员工的管理，尤其是对一线服务人员的管理相当重要。大多数的健身俱乐部管理者并没有对员工的成绩给予足够认可。在对员工成绩的认可过程中，还需要注意到认可的时效性。如果用得太多，价值将会减少，如果只在某些特殊场合和少有的成就时使用，价值就会增加。例如，当某一位员工在为会员服务的过程中，得到了会员的认可和赞扬，这时候如果俱乐部管理者及时在大家面前祝贺这位员工，对员工的激励作用会上升几个等级。俱乐部在员工管理的过程中，关键在于健身俱乐部管理者需要树立起和员工共同成长的观念，而不是仅仅将员工看成为自己工作的人。

对俱乐部而言，把服务人员视为消费者（对内客户）是一种很好的内部管理方法，当管理人员把手下的服务人员视为自己的客户时，就会去了解并且满足他们的需求，从而使员工很好地完成服务工作。健身俱乐部员工也应该不断地提高个人的素质并加强专业知识的学习。例如，会籍顾问更应该注意自己的仪容仪表、言谈举止，做一个更加专业、更让会员信服的出色会籍顾问。

（四）对俱乐部产品进行有效营销

俱乐部产品就是俱乐部所提供的各种服务，而提供服务的最终目的是吸引消费者。可见，俱乐部服务是否为客户所接受，并对客户形成强大的吸引力发展为忠诚客户，就要使用有效的营销手段。要做到这一目标，首先要深入了解消费者。传统的营销不注重对消费者的了解和俱乐部销售产品特点的理解，着重进行的是产品的宣传和推销。只有在对消费者足够理解的基础上，才有可能将俱乐部的产品推销出去。其次，要强烈吸引消费者。俱乐部提供的服务要有吸引性，必须根据客户的需求同时结合俱乐部的资源整合，为客户提供独特的、可选择的超值服务。比如提供售前、售中、售后服务，提供信息、美感、情感、学习、交流、交友等方面的个性化服务。最后，要充分满足消费者，不断超越消费者的预期。当今所有俱乐部所提供的全部服务，消费者几乎都能轻易地想象得到，俱乐部经常会面临这样一种尴尬：花费了不少精力和物力，并且花费不少时间进行专门的服务设计和培训，但消费者就是不买账或者说对此淡然。其原因在于，俱乐部为消费者提供的服务，都是在一种固定的模式之内的。为了打破这种局面，只有超越客户预期。超越了客户的预期，才能深深打动消费者的心。事实证明，将消费者的感情当作杠杆，可以超越消费者对俱乐部服务的预期，使顾客在内心产生强烈的依附感。

五、商业型健身俱乐部的营销策略

（一）产品营销策略

商业型健身俱乐部的产品以提供无形的服务产品为主。健身俱乐部的服务就是俱乐部为满足健身者或会员及宾客的需求而提供的无形或有形的活动和利益。

健身者在俱乐部进行消费时，他们主要关注的是：健身房的品牌形象；健身房的环境及器械；销售人员的承诺；对未来运动效果的预想。因此，健身俱乐部要有规模，更要有服务，服务将决定俱乐部的成功与否。因此，最关键的是满足或超过目标客户对俱乐部服务质量的期望。他们预期的服务质量是由过去的感受、口头传闻和服务公司的广告宣传所形成的，在此基础上接受服务后，把感知的服务和预期的服务进行比较，如果达不到预期，客户便会失去对这家俱乐部的兴趣，如果达到或超过了，他就会再次光顾。

为此，健身俱乐部必须不断加强员工服务质量的管理。在健身俱乐部的服务产品营销策略中须特别注意以下两点。

1. 树立市场品牌意识，使会员具有忠实的体验意识

一个好的市场品牌不仅能大大降低市场推广费用，而且能有效地吸引消费者。健身俱乐部通过突出自身服务产品的专有特性，把组织形象、产品形象，甚至个人形象展现出来，从而使自身形象在消费者的心目中与其他同类组织、同类产品、同类服务有所区别。市场品牌是商业运作的艺术体现和里程碑。一个好的市场品牌体现着质量保障，体现着为消费者带去的利益和服务，体现着提供者向接受者做出的承诺。

2. 向会员送去具有个性化的产品，使会员在个人感觉层面创造体验

个性化产品主要是指俱乐部提供的各种无形服务产品，如教练所教的各种健身运动，服务员的语言、举止、态度，销售人员的承诺，等等。会员购买健身卡后并不会像购物一般得到实质性的东西，这与一般消费者购物的行为有很大的差异。加入俱乐部后，消费者只得到了一个进入健身房的"通行证"，只是代表了消费者拥有了使用健身房的权利及健

身房所提供的服务。服务不属于实体产品，购买前无法感觉或听到。因此俱乐部在消费者购买健身卡之前，要提供使用的机会提前了解教练的技术、服务态度，健身房的环境与器材，等等，否则消费者无法实际去感觉或体验所购买的无形产品服务。并且在购买后，俱乐部应根据会员不同的目的、个性特点，进行个性化的教学和服务，这样会员才会感到"宾至如归"，才会真正体验到服务的价值。

（二）价格营销策略

1.影响健身俱乐部定价的因素

体育健身俱乐部健身服务产品具体价格构成的因素可以分为宏观影响因素和微观影响因素。宏观影响因素包括国家经济政策、国家体育法规和国际市场价格。微观经济因素主要包括市场需求、经营成本、市场竞争状况、消费者心理等因素。

（1）市场需求。需求是有弹性的，不同市场需求弹性变化很大，直接影响着服务定价的稳定性。某些档次较高的俱乐部采用永久会员制所针对的顾客群属于中高收入阶层，人群规模虽然不大，但其消费时更加注重品位、档次和服务质量，只要会员满意，只要认为物有所值甚至物超所值，他们愿意也能够支付高价甚至溢价。因此，这类会员消费的需求弹性不大。而针对较低收入的大多数人来讲，月卡价格的变化对需求的影响要大得多，则属于弹性需求。

（2）经营成本。健身俱乐部的经营成本必须在顾客销售收入中支出，它由固定成本、营销成本、流通成本三部分构成，其中固定成本主要由固定资产折旧、管理费用等部分组成。流动成本是随着消费人数变化而变化的费用开支，包括现场服务开支、教练费用和洗浴费用等。在非会员制健身俱乐部中，月卡价格必须根据总成本来考虑，而会员制健身俱乐部会籍价格的确定主要根据固定投资额和期望收回投资的时间，月费价格则根据除去固定资产投资后的其他成本总和来计算。

（3）市场竞争状况。市场竞争最主要的形式是价格竞争，价格竞争主要表现为供给与需求之间的价格竞争，同时还体现在供给方即健身俱乐部经营者之间的竞争。健身俱乐部为了争夺市场资源，到一定时期会竞相削价，这是供给方内部的相互竞争所致。供给方之所以相互竞争，是因为资源有限、市场有限、机会有限。市场经济下的参与者都是平等的，要获取有限的资源、市场、机会，就得参与竞争，证明自己比别人更优。竞争可以优化整个健身俱乐部市场。优化选择使社会在健身俱乐部和消费者之间形成一个价格尺度。在市场经济条件下，价格竞争是市场经济下最基本的竞争形式。其他所有的竞争形式，包括品牌竞争、质量竞争、服务竞争、品种竞争以及技术竞争等，都是价格竞争的延伸。

（4）消费者心理。由于我国体育健身俱乐部发育尚不成熟，多数消费者对健身俱乐部市场信息掌握不多，对价格的感知模糊，消费者心理对健身俱乐部价格决定的影响不同。健身俱乐部在制定价格时应充分考虑消费者不同的心理需要。从总体上来讲，体育健身俱乐部健身消费是一种感性消费，满足的是一种精神需要，这种消费形式甚至可以认为是一种感动消费。人们对体育健身服务产品的需求量，与价格呈反方向的变动关系。但由于某些心理倾向的作用，这一关系常常被打破而出现反常购买行为。

2. 商业型健身俱乐部的定价策略

（1）大型体育健身俱乐部应当采用高价策略。大型及超大型体育健身俱乐部的消费者的需求弹性较小，价格的轻微变动不会给消费需求带来多大变化。而有实际需要和消费能力的消费者，在较高的价格下也不会影响其选择高档次的健身俱乐部。高规格的健身器材，高档次、豪华的室内室外装修，富于现代气息的、高品质的音响效果，甚至高价格都可以迎合高层次消费者的奢华需求和心理欲望，能够向社会显示自己的声望，使该层次的消费者在高档次的健身会所进行消费，获得更多心理上的满足。

首先，采用高价主要是针对高收入阶层，前提是高价格不会对会员的参与产生抑制作用，并且加上看齐效应的影响，也会吸引一部分中等收入消费者的加入，从而提高市场占有率；其次，服务质量与健身效果如果能和高价相符，就能树立起名牌形象，为连锁经营打下良好的基础；最后，高档健身俱乐部在进入市场初期，将价格定得很高，也便于日后降价，并且还会提高健身俱乐部的商誉。

高档次体育健身俱乐部也不应忽视中等收入甚至低收入消费者。对于中、低档消费者，可以采用减少服务种类的方法将价格降低，以满足该层次消费者的需求。例如，北京中体倍力健身俱乐部的消费对象，是大学毕业5年以后，25～45岁左右，月收入8000元以上的白领。健身俱乐部的消费人群中75%以上是这个年龄段、这个收入水平。中体倍力健身俱乐部也吸收了一部分中低收入消费者，这部分消费者，只使用健身器械，以及跟随健身操教练进行健身操练习。健身俱乐部高档次的洗浴、休息室和台球厅的免费使用等附加服务，不对这部分消费者开放。

随着健身俱乐部的发展，当高层次消费水平的消费者逐渐增多的时候，由于受场地、器械的限制，不可能满足更多的消费者同时参与健身的时候，为了获得最大利润，就得减少中、低消费水平消费者的人数。同时为了中、低收入水平消费者不致流失，在经营允许的范围内，通过扩大连锁店数量来解决这个矛盾，是很好的途径。但往往高档次的体育健身俱乐部由于对中、低档消费市场不够熟悉，缺乏经营中、低档健身会所的经验，甚至对经营中、低档健身会所利润不够高的现实不满，不愿意在经营高档会所的同时，投资经营中、低档体育健身俱乐部。

（2）中档体育健身俱乐部适宜采用中价策略。中价策略也叫满意定价策略，健身俱乐部将价格定在高价与低价之间，兼顾健身俱乐部与消费者的利益。中档体育健身俱乐部在我国市场的存量较高，所占比重较大。由于资金投入相对高档健身俱乐部小，硬件设施难以与高档健身俱乐部相比，中档健身俱乐部如果盲目采取高价格，就会遭到消费者的拒绝。而采取低价，会使利润降低，资金回收周期延长，增加企业经营的风险。所以，中档健身俱乐部适合采取中价策略，面向中低收入消费者。以高档健身俱乐部价格作为参照，做一定幅度的降低。在不降低服务质量与经营收入的前提下，通过连锁经营，以平价赢得消费者，赢得市场。健身俱乐部应根据自身实际，把握面向消费者群体的消费心理，分析竞争对手的实力，在不同时期灵活采用组合定价策略，以便在市场竞争中占据主动。

（三）地点营销策略

俱乐部的服务地点或者物质环境对消费者影响很大。选择俱乐部的场地大有学问，这个环节如果出现错误，可能会直接断送俱乐部的发展。健身房最好选址在人流最大但交通并不拥挤的地方，楼层不宜过高，停车场方便且有通透的视线。

一个好的健身场所离不开科学的健身计划和运动指导，人们希望到这里来不仅要得到锻炼，还要体会到一种身心放松的感觉。俱乐部的环境与服务条件使它把健身和休闲的功能集中在一起，温暖舒适有点像家的感觉很容易使客人和经营者之间的距离拉得很近。例如，北京浩沙健与美健身俱乐部位于昌平区立汤路的京鼎大厦的四层，营业面积1300平方米，不仅运动设施先进齐备，而且服务措施也一应俱全，水吧、更衣室、淋浴、美容室的条件一流，可与一些星级饭店的健身房相媲美。它的优越条件和整洁的环境，使它在开业的几个月时间里吸引了许多健身爱好者的目光。他们还请来多位在健美操界和大众中颇有名气的健美操教练员参与教学，整个教学过程和布局都做了科学划分，俱乐部在对学员的个人资料进行分析的基础上，使有氧健美操、形体训练课、哑铃操、跆拳道等课时合理搭配，安排具有不同教学风格的教练供学员选择。

第九章

全民健身背景下的体育产业管理

体育产业是指从事体育产品生产及经营活动的集合。发展体育产业的目的是为满足人们的体育需求。体育产业中最活跃的部分是竞赛表演业，而竞赛表演业的基本组织形式是职业体育俱乐部。一个国家或地区职业体育俱乐部的数量、规模和种类反映了该国或地区竞赛表演业的水平；体育赛事具有多方面价值，是体育产业管理及开发中的重要活动内容，同时也是竞赛表演业的"载体"及表现形式；随着现代体育职业化、社会化、商业化进程的加快，体育经纪人的活动作为沟通体育服务生产部门和体育服务消费者的桥梁作用日益突出。本章将对体育产业的基本概念、分类、体育市场等内容进行介绍。

第一节 体育产业管理概述

体育产业（Sport industry）是国民经济的一个组成部分。体育产业不仅在国民经济中占有重要地位，而且对促进国民经济的发展，带动相关产业的发展，改善经济结构，以及吸纳社会就业等方面都具有十分重要的作用。市场作为商品经济运行的基础和基本形式，是经营活动的场所、对象和载体。体育经纪活动离不开体育市场，只有认真研究体育市场、分析体育市场，才能根据体育市场需求，开展体育经纪活动，并取得良好的经济效益。

一、体育产业的概念

（一）体育产业含义

体育作为一项产业活动是随着近代西方产业革命的兴起而开始萌芽并发展起来的。时至今日，西方发达国家依然是当今全球体育产业最活跃和最发达的地区。20世纪中后叶以来，体育运动与经济发展的密切关系超过了以往的任何一个时期。体育产业的发展进入了一个前所未有的高峰期，其影响扩展到全球。也就在这个时期，随着我国改革开放政策的推行、经济和社会的飞速发展以及人民生活水平的迅速提高，我国体育产业也得到了相应的发展。

长期以来，我国体育事业按照福利事业的性质和模式运作，国家对体育事业的管理主要采取行政的方式，缺乏经济的手段。随着我国国民经济持续、快速、稳定的发展，人民物质生活水平的不断提高，人们对精神文化生活的需求也日趋多元化。人们对体育的需求日益增长，这些需求可以是参与型（如健身锻炼）和欣赏型（如竞赛、表演），也可以是实物（如体育服装）和服务（如体育信息）的形式。作为一项能满足人们健身、健美、观赏、娱乐等多种需求的社会活动，在需求决定供给的市场机制条件下，现代体育日益分化为提供体育产品的生产部门和享受体育产品的消费者群体，市场机制也逐渐开始在配置体育资源中发挥重要作用，这为我国体育产业的发展壮大提供了基本条件。

作为国民经济的一个组成部分，体育产业不仅在国民经济中占有重要地位，而且对促进国民经济的发展，带动相关产业的发展，改善经济结构，以及吸纳社会就业等方面都具有十分重要的作用。体育产业所具有的文化、教育、娱乐、休闲等多种正向累积价值，使其成为促进社会进步与发展、提升文明水准的重要力量。

1985年国务院颁布的《国民生产总值计算方案》第一次运用三次产业分类，将体育部门列入第三产业中的第三层次，即"为提高科学文化水平和居民素质服务的部门"。1991年国务院将体育列入第三产业18个主要行业之一，翌年国家发布《关于加快发展第三产业的决定》之后，体育领域兴起了发展体育产业的热潮，尤其是1995年全国体育工作会议将"体育产业"作为主要议题，明确提出"形成国家与社会共同兴办体育事业的格局，走社会化、产业化的道路"。自《体育产业发展规划纲要》和《国民经济和社会发展"九五"计划和2010年远景目标纲要》颁发以来，我国体育产业的理论研究与管理实践进入了一个崭新的发展阶段。2010年3月24日，国务院办公厅发布了《关于加快发展体育产业的指导意见》（国办发〔2010〕22号），这是我国首份在国家层面对中国体育产业进行规划梳理并提出目标任务的政策性指导意见。

2014年10月20日，国务院发布的《关于加快发展体育产业促进体育消费的若干意见》（国发〔214〕46号）（以下简称《意见》），首次将全民健身上升为国家战略，把体育产业作为绿色产业进行扶持，以体育产业和大健康作为代表的现代服务也释放出巨大的经济活力。《意见》提出到2025年，基本建立布局合理、功能完善、门类齐全的体育产业体系，体育产品和服务更加丰富，市场机制不断完善，消费需求越加旺盛，对其他产业带动作用明显提升，体育产业总规模超过5万亿元，成为推动经济社会持续发展的重要力量。《意见》为我国体育产业未来发展指明了方向，也为体育产业提供了新的发展机遇和发展空间。

笔者认为，所谓体育产业是指从事体育产品生产及经营活动的集合。发展体育产业的目的是为满足人们的体育需求。体育需求是源于人们追求享受、发展基础之上的一种需求。体育需求是体育产业存在、发展直至壮大的最大资源。体育产品即满足人们体育需求的物品。由于人们的体育需求是多种多样的，在市场需求的源动力促生下，为了满足体育市场消费者的不同需要,各种各样的体育产品便应运而生。体育产品既包括了有形的物质产品,如体育服装、器材、饮品等,也包括了如体育信息咨询、体育指导、审美观赏等以服务为主的非物质产品(通常称之为体育服务)。我国体育产业的基本组成部分有体育竞赛表演业、体育健身娱乐业、体育培训业、体育旅游业、体育科技信息业、体育旅游业、体育广告业、体育用品业、体育中介业、体育彩票业、体育医疗保健业、体育无形资产业等等。

(二)体育产业的分类

产业分类又称国民经济部门分类,是指按照一定的原则对经济活动进行分解和组合而形成的多层次的产业概念。

2008年6月18日,国家统计局和国家体育总局正式颁布了《体育及相关产业分类(试行)》,这是迄今为止我国体育行业首个具有约束力的国家统计标准。《体育及相关产业分类(试行)》以体育管理部门关于体育及相关产业的政策及改革精神为指导,以我国现阶段体育产业发展状况和发展方向为依据,以国民经济行业分类为产业基础,以活动的同质性和体育自身特征为原则,根据其概念和活动范围,将体育及相关产业划分为三个层次。第一层分为8个大类,主要体现部门管理和体育及相关产业活动的基本特征。第二层对每个大类再进一步细分,共分为24个中类,主要体现体育及相关产业的产业链的上下层关系。第三层是《体育及相关产业分类(试行)》的具体活动类别层,共57个小类。该小类全部为《国民经济行业分类》中从事体育及相关产业活动的行业类别,也是第三层次所包括的行业类别层次。

《体育及相关产业分类(试行)》是体育产业统计的分类标准,它阐述了在国民经济活动中哪些活动属于统计上观察的文化活动,并对这些活动进行了重新组合和分层,以便社会各界根据不同需求来观察体育活动。这种分类还可组合成供分析决策用的体育产业核心层、体育产业外围层和相关体育产业层三个板块。

《体育及相关产业分类(试行)》为完善体育及相关产业统计制度奠定了基础,为全面、准确地获取体育及相关产业统计数据提供了前提,也为各级政府有关部门科学制定体育及相关产业发展政策、积极培育体育消费市场、促进体育及相关产业可持续性展提供了科学的依据和参考。这对于科学制定体育产业发展政策,积极培育体育消费市场,促进我国体育产业可持续性发展,具有重要理论与现实意义。

二、体育市场的概念

(一)体育市场的含义

市场(Market)的原始概念是指买者和卖者在一定时间聚集在一起进行商品交换的场所或地点。这是从其外在形式来描述的市场。经济学的市场是指以交换过程为纽带的现代经济体系中的经济关系的总和,这是从其内在联系或本质来描述的市场。从市场营销学的角度来研究市场，市场是指某种商品的现实购买者和潜在购买者需求的总和。从经营管理角度来认识市场，市场是具有一定购买力水平的消费者群体。从市场概念的外延来看，市场既可以指一定区域，如国际市场、国内市场；又可以指一定商品范围，如服装市场、汽车市场、体育市场等。市场不仅可以围绕着有形商品而形成，也可以围绕着某种无形的（如服务）或其他任何有价值的东西而形成。例如，劳动力市场，它是由愿意提供自己劳动力来换取工资或产品的人们所构成的。为了促使这一市场的运行，各种各样的机构，如职业介绍所、就业咨询机构等都围绕劳动力市场而形成和发展。金融市场的出现是为了适应人们贷款、储蓄及保管钱财的需要。体育市场则是在为满足人们对健身、娱乐、提高运动能力以及社交等诸多方面需要的前提下而出现的，它是以体育服务为宗旨，具有显著体育特征的专门市场。

笔者认为，体育市场（Sportmarket）是体育产品交换关系的总和。体育市场不仅包括体育服务等无形产品的交换活动，还包括和体育有关的有形产品的交换活动，同时还包括一些体育资源要素的交换活动，如体育资金、体育人才等。体育市场不仅包括具体的交换场所，还包括所有卖者和买者实现商品交换活动的过程。体育产业的发展为社会提供了丰富多彩的体育产品，满足着各类群体不同层次的体育需求。然而在市场经济条件下，为保证体育产品的供给能满足居民的体育需求，需要建立一种使体育产品的生产与居民的体育需求能直接联系的机制，即体育产品的供给和需求机制。由于体育产品的价值必须通过市场交换才能实现，所以，体育产品供求机制是通过体育市场而得以建立的。可见，体育市场不仅是连接体育产业与体育消费的纽带和桥梁，还是体育产业与体育消费得以互动的场所。

体育市场要素包括以下几个方面。

1. 体育产品消费者。体育产品消费者就是购买体育产品的人。观看体育比赛、欣赏体育表演的人可称为观赏型体育产品消费者，购买体育器材、服装等实物型产品的人可称为实物型体育消费者，参加体育锻炼、接受体育技能培训的人可称为参与型体育消费者。

2. 体育产品的生产者。体育产品的生产者是从事体育产品生产的人及各种组织等。体育产品的生产是创造价值及使用价值的过程，它包括体育有形产品和体育无形产品的生产。

3. 体育市场中介组织。体育中介组织能预测体育市场行情的变化，为体育市场供需双方寻求利益共同点，促使体育市场的良好发育。

4. 体育市场法规体系。体育市场法规体系是体育市场各种法律、制度、条例等的总和。体育市场只有在一定的法规体系保障下，才能实现公平、公正的竞争，促使其朝着健康、繁荣的方向发展。

（二）体育市场的分类

按照内容、特点和考察角度的不同，体育市场可做如下分类。

1. 从供应商数目、产品差别程度及对价格的控制力方面来划分

根据这一标准,可将市场划分为完全竞争、完全垄断、垄断竞争和寡头垄断四种不同的体育市场类型。

(1)完全竞争的体育市场。完全竞争的体育市场,指体育市场上存在为数众多的体育经营单位,每一个体育经营单位相对于整个体育市场规模来说都比较小。对整个体育市场来说,只有一种完全相同的体育商品,且体育产品没有差异。体育市场信息透明度大,体育经营单位较易进入或退出体育市场。体育市场中的体育培训、体育健身娱乐等市场属于较为典型的完全竞争的体育市场。

(2)完全垄断的体育市场。完全垄断的体育市场是指整个体育市场上只有一个体育经营单位面临着整个体育市场需求的情况。体育市场中的体育彩票市场就是属于较为典型的完全垄断的体育市场。

(3)垄断竞争的体育市场。垄断竞争的体育市场是指,在同一体育市场上,体育商品稍有差别而不是完全相同,体育经营单位在自己体育商品的销售上是垄断的,但可以在经营地点、营业时间、服务质量、价格水准等方面和其他体育经营单位展开竞争。一般体育市场上的小型乒乓球馆、羽毛球馆、健身健美中心等体育经营单位均属于垄断竞争市场内的体育经营单位。

(4)寡头垄断的体育市场。寡头垄断的体育市场是指体育市场上少数体育经营单位垄断了一个体育市场,它们生产和经营相同的体育商品。典型的寡头垄断的体育市场就是体育竞赛市场中的足球市场、篮球市场和其他球类市场。

2. 从体育消费品与体育生产要素的不同功能来划分

根据这一标准,可把体育市场划分为三大类:体育劳务或服务消费品市场、体育实物消费品市场以及体育要素市场。

(1)体育劳务或服务消费品市场。体育劳务或服务消费品市场,就是指以活劳动形式存在的体育劳务商品市场。其主要由体育产业部门的劳动者向体育消费者提供的各种体育劳务或服务产品所构成,如运动竞赛、体育表演、体育培训、体育场馆服务等。

(2)体育实物消费品市场。体育实物消费品市场,就是指以实物形态存在的体育商品市场。其主要由和体育有关的工业部门的劳动者向体育消费者提供的各种有形的体育产品所构成,如运动服装、运动饮料、运动器材、体育信息产品等。

(3)体育要素市场。体育要素市场,是指以各种体育发展所必不可少的要素所组成的体育市场,这些基本要素主要由体育资金、体育人才及体育科学技术等构成。

三、体育产业管理的含义

所谓体育产业管理是指通过一定方式整合资源,以促使体育产业目的实现的过程。理解这一定义,需要注意以下几点。

1. 体育产业的管理主体是多元的，既有政府行为主体，又有市场行为主体。在我国，各级政府有发展体育产业的职责和任务，国务院要求各级政府要将发展体育产业、促进体育消费纳入国民经济和社会发展规划，纳入政府重要议事日程，要建立发展改革、体育等多部门合作的体育产业发展工作协调机制（参见《国务院关于加快发展体育产业促进体育消费的若干意见》，国发〔2014〕46号，以下简称《意见》）。体育产业的市场行为主体则主要是各类体育企业。

2. 体育产业的目的是为满足体育需求。不同体育产业组织的主体不同，决定了发展体育产业的目的是不同的。对于国家而言，《意见》指出，发展体育产业是提高中华民族身体素质和健康水平的必然要求，有利于满足人民群众多样化的体育需求、保障和改善民生，有利于扩大内需、增加就业、培育新的经济增长点，有利于弘扬民族精神、增强国家凝聚力和文化竞争力。对于市场导向的体育产业组织而言，发展体育产业的主要目的则是在满足人们体育需求的基础上实现营利。概括来看，对于不同的体育产业组织而言，发展体育产业的目的主要是为提供能满足人们需求的体育产品，并实现其经济效益的最大化和一定的社会效益。

3. 体育产业管理既包括对我国体育产业结构的调整与优化，体育市场的培育与发展，体育产业政策的制定与实施，有关体育产业法规的制定，对各类体育产业部门进行协调和监督的宏观管理，还包体育产业部门内部经营活动的微观管理。

4. 体育产业管理目标的实现必须充分整合资源。随着体育产业开发的不断深入，市场机制对体育资源配置的范围越来越广，体育资源在内容、形式、时间和空间等方面得到拓展，从而要求体育产业部门在体育产业开发中，不仅要注重体育人才、体育资金、体育物资、体育场馆以及与体育相关的时间、信息等有形体育资源的充分利用，提高其使用效率，而且要求注重对体育无形资源的开发和利用。

» 第二节　体育产业管理的基本内容与方式

一、体育产业管理的基本内容

体育产业管理的内容非常丰富。例如从具体管理对象上可分为职业体育俱乐部管理、体育赛事管理、体育经纪人管理、体育场馆经营管理等；从领域上可分为体育竞赛表演业、体育健身娱乐业、体育用品业、体育旅游业、体育彩票业、体育中介业、体育培训业、体育科技信息业、体育广告业等的经营管理；从要素上可分为体育经营环境、体育市场、体育市场调研与预测、体育消费者行为研究、体育经营决策与经营战略、体育促销手段及途径等内容；从管理的层面上可分为宏观体育产业管理、中观体育产业管理和微观体育产业管理；从管理的主体上可分为国家体育产业管理、部门体育产业管理和单位体育产业管理等。

(一) 体育产业对象管理的基本内容

1. 职业体育俱乐部管理

职业体育俱乐部的经营管理是指职业体育俱乐部通过一定方式整合资源，以实现职业体育俱乐部目的的活动。职业体育俱乐部是职业体育发展的产物，它是为满足人们体育竞赛表演的观赏需要，将职业体育竞赛及其相关产品作为商品组织生产经营并追求营利、自主经营、自负盈亏、具有独立法人资格的体育经济实体。由于是以商业性经营为目的，所以需要按照体育产业的发展规律和市场开发的经营模式来管理。

2. 体育赛事管理

体育赛事管理是指通过一定方式整合资源，以实现体育赛事目的的活动。随着体育市场化、产业化进程的加快，体育赛事的市场化运作已成为当代体育赛事运营的重要方式。体育赛事管理是在举办赛事的整个过程中，对各种与开展体育比赛活动有关的要素和资源（如人、财、物）等进行合理的计划、协调与控制，以充分利用这些资源的潜力，实现体育赛事目的的活动。体育赛事管理一方面通过组织各类赛事，为社会提供高水平的体育服务产品，满足广大体育消费者观赏和精神的需求；另一方面又通过充分挖掘体育赛事的商业价值，积极引导和规范各类体育赛事的市场化运作。

3. 体育经纪人管理

体育经纪人在我国是一种新兴的现代职业，在体育经纪人发展比较迅速和成功的国家，以及管理富有成效的体育组织都已形成了一套比较成熟的对本国或本项目的经纪人管理的模式。运动员经纪、体育赛事经纪、体育组织经纪是体育经纪人的三大传统经纪活动领域。

4. 体育场馆经营管理

体育场馆经营管理是一项复杂的综合性工作，要围绕如何充分发挥体育场馆的设施功能，开发体育场馆的各种资源，不断提高其经济效益和社会效益展开各项工作。体育场馆经营管理涉及的内容非常多，主要包括赛事协调、市场营销、维护保养和后勤工作、安全保卫、财务管理和风险管理等。体育场馆的经营者不仅需要有渊博的知识，包括预算、成本控制、市场策划等知识，还要有熟练的管理技能，熟悉服务产品的经营特点和经营模式。

(二) 体育产业领域管理的基本内容

1. 体育竞赛表演业管理

体育竞赛表演业是体育产业中的支柱产业。体育竞赛表演业是从事体育竞赛表演生产及经营活动的集合。《体育法》第四十四条规定，"对体育竞赛与表演应当按照国家有关规定加强管理和监督"。体育竞赛表演业管理的基本内容包括以下几点。

（1）推进竞赛管理体制机制改革。体育竞赛表演业的管理必须推动竞赛体制的改革和运行机制的转换，积极引导和规范各类体育竞赛的活动，通过市场机制积极引入社会资本承办赛事。推行政社分开、政企分开、管办分离，加快推进体育行业协会与行政机关脱钩，将适合由体育社会组织提供的公共服务和解决的事项，交由体育社会组织承担。使体育竞赛和表演向产业化、社会化、法制化方向发展。

（2）完善竞赛管理制度。在完善体育竞赛招标制度的基础上，积极试行重大体育竞赛的申办制度，逐步建立各种体育竞赛中介服务经济实体和体育竞赛经纪人制度。

（3）推进职业体育改革。拓宽职业体育发展渠道，鼓励具备条件的运动项目走职业化道路，支持教练员、运动员职业化发展。完善职业体育的政策制度体系，扩大职业体育社会参与，鼓励发展职业联盟，逐步提高职业体育的成熟度和规范化水平。完善职业体育俱乐部的法人治理结构，加快现代企业制度建设。改进职业联赛决策机制，充分发挥俱乐部的市场主体作用。

（4）开发体育竞赛表演市场。引导规范各类体育竞赛和体育表演的市场化运作，探索完善全国综合性运动会和单项赛事的市场开发和运作模式；根据当地自然人文资源特色举办体育竞赛活动，鼓励企业举办商业性体育比赛，积极引进国际知名的体育赛事，努力打造有影响、有特色的赛事品牌。

2. 体育健身娱乐业管理

体育健身娱乐业是从事身体锻炼、康复锻炼、娱乐休闲产品生产及经营活动的集合。体育健身娱乐业管理的基本内容包括以下几点。

（1）体育健身组织的管理。引导和鼓励社会各界投资兴办经济实体，从事体育健身娱乐方面的各类经营活动。规范对各种晨（晚）练点、体育指导站的管理，积极引导，合理收取费用。加强对体育经营场所的监督和管理。

（2）体育场地设施的管理。以安全、卫生、标准为出发点，加强对健身娱乐场馆设施的监督与管理，制定体育场馆设施管理标准，定期对各营业场所进行检查、评定；立足于实际，建立场馆设施的收费标准；加大新建小区体育设施的建设与管理。

（3）健身娱乐组织人员的管理。明确健身娱乐组织管理人员的责、权、利，提高其经营管理水平。

（4）体育健身娱乐法规建设。完善健身娱乐组织管理法规、场馆设施标准管理条例、健身娱乐市场经营管理条例、社会体育指导员管理条例等各项法规、条例及制度，使健身娱乐业向正规化、市场化方向发展。

3. 体育用品业管理

体育用品业是从事体育用品生产及经营活动的集合，主要包括运动服、运动鞋、运动器材及相关体育产品的制造和销售活动。体育用品业管理的基本内容包括以下几点。

（1）体育用品标准建设。积极推进标准化工作，制定完善国家标准和行业标准，加强涉及强制性标准体育用品的质量监管，加强体育用品产品的认证工作。

（2）体育用品品牌建设。积极加强体育用品的品牌建设，增强体育用品的国际市场竞争力。打造体育用品博览会。

（3）体育用品业创新。探索体育用品业创新发展，采用新工艺、新材料、新技术，提升传统体育用品的质量水平，提高产品科技含量。

4. 体育旅游业管理

体育旅游业是从事体育旅游产品生产及经营活动的集合。体育旅游业是体育产业与旅游产业交叉渗透产生的一个新的经济领域，不仅是我国体育产业的一个重要组成部分，也是旅游市场中的一种新型项目和旅游业发展的一个新亮点。体育旅游业的构成主要包括：体育旅游餐饮住宿业、交通运输通信业、旅行业务组织部门、游览场所经营部门、目的地旅游组织部门。体育旅游业管理的基本内容包括以下几点。

（1）体育旅游资源开发。多渠道开发体育旅游资源，政府在政策上应给予保证，在宏观上加强管理监督。

（2）体育旅游人力资源培育开发。体育旅游人力资源主要包括体育旅游经营管理人员及体育导游等。人力资源水平对体育旅游服务的质量起着重要的作用。

（3）体育旅游设施的管理。对各种体育旅游设施（如水上运动场、大型射击场、国际高尔夫球场、休闲俱乐部等）加强管理和监督，一方面在政策上给予扶持，鼓励各地兴建体育旅游设施；另一方面要对其经营管理加强监督，强化安全意识、环保意识，并对体育旅游设施的规格标准、卫生及收费标准等进行定期检查。

二、体育产业管理的基本方式

（一）体育产业管理的基本要求

1. 效益为核心

追求经济效益是体育产业组织的重要目的。体育作为一种新兴的产业，有其独特的市场，同时也受着市场规律的制约，没有市场效益的体育产业是一种无益的劳动。但是片面追求市场效益也是一种不理智的行为，因为市场效益一方面受价值规律的制约，另一方面也受供求关系的影响。不注重社会效益的结果是一种短视行为，一旦市场不再需要这种产品，必将造成能源和资源的极大浪费。

2. 市场为导向

市场作为一只指导经济的无形的手，对市场的发生、发展、健全起着导向作用。体育产业作为市场经济的一部分因素，也必然受这只无形之手的控制。体育产业管理理应坚持以市场为导向，注重市场信息反馈，以市场需求为依托，确立投资方向，调整经营战略。

3. 法律为保障

市场经济是法制经济，法律对市场经济的发展起着保驾护航的作用。体育产业作为市场经济的必然产物，依法经营管理是其发展的客观要求。我国体育产业起步较晚，目前体育产业发展中存在许多不足，如市场发育不成熟、市场机制不完善、市场规则不健全、体育中介市场混乱等等。为了使体育产业健康、顺利地发展，体育产业管理应强化法制观念，逐步建立和完善各项体育市场管理法规，以法律为准绳，维护体育市场秩序，促进体育市场良性发展。

4. 服务为核心

只有树立良好的服务意识，才能不断提高为体育市场服务的能力，才能鼓励和引导社会、企业、个人增加对体育产业和体育市场的投资，才能为经营者营造一个良好的市场环境，保护体育消费者和经营者的合法权益，提高体育市场的产品质量，使广大消费者在体育市场中获得有品质保障的精神产品和服务。

5. 经济方法为主导

体育产业管理的首要目的是获得良好的经济效益。因此，体育产业管理活动应以经济方法为主要手段，体育产业管理目标要和经济利益挂钩，建立利益激励机制，多劳多得，奖优罚劣，通过各种经济方法的灵活运用，调动劳动者的积极性，以提高体育产业管理的效率。

（二）体育产业管理的基本措施

根据2010年3月24日，国务院办公厅发布的《关于加快发展体育产业的指导意见》（国办发〔2010〕22号），我国体育产业管理的基本措施如下。

1. 加强对体育产业发展的规划

各级政府要高度重视促进体育产业的发展，把体育产业发展纳入经济与社会发展规划，制订和组织实施体育产业发展规划。加强对体育产业发展的区域布局，根据不同地区的比较优势和经济社会发展的实际情况，合理规划，促进形成体育产业发展的聚集区、示范区和城市发展功能区。协调不同地区的体育产业发展。完善体育产业统计体系，建立体育产业信息发布制度，为宏观调控提供信息支持。坚持政企分开、政事分开、政社分开、营利性与非营利性分开原则，充分发挥市场在体育资源配置中的基础性作用，消除和防止对体育市场资源的限制和垄断。

2. 加大投融资支持力度

拓宽体育产业发展资金来源渠道，政府可以通过安排补助资金等方式促进体育产业发展。支持有条件的体育企业进入资本市场融资，通过发行债券、股票，以及资产重组、股权置换等方式筹措发展资金。积极鼓励民间和境外资本投资体育产业，兴建体育设施。鼓励金融机构适应体育产业发展需要，开发新产品，开拓新业务。研究探索体育彩票市场发展规律，不断丰富体育彩票新品种。完善体育彩票市场管理制度，健全发行销售监督机制。加强对彩票公益金使用的监管，提高使用效益。鼓励社会资本进入体育产业领域，建设体育设施，开发体育产品，提供体育服务。推广和运用政府和社会资本合作等多种模式，吸引社会资本参与体育产业发展。政府引导，设立由社会资本筹资的体育产业投资基金。有条件的地方可设立体育发展专项资金，对符合条件的企业、社会组织给予项目补助、贷款贴息和奖励。鼓励保险公司围绕健身休闲、竞赛表演、场馆服务、户外运动等需求推出多样化保险产品。

3. 完善税费优惠政策

符合条件的体育类非营利组织的收入，可按税法有关规定，享受企业所得税相关优惠政策。企业发生的符合条件的广告费支出，可以按照税法规定扣除。鼓励社会捐赠体育事业，对企业、个人和其他社会力量向公益性体育事业的捐赠，符合税法有关规定的部分，可在计算企业所得税应纳税所得额时扣除。

4. 加强公共体育设施建设和管理

各级政府要立足国情、面向社会、服务群众，合理规划和布局公共体育设施，切实加强城乡公共体育设施的建设和管理，提高设施综合利用率和运营能力，充分发挥公共体育设施在提供社会体育服务、满足群众体育需求方面的作用。认真做好政府投资建设的公共体育场馆及其配套设施的监管工作，防止闲置浪费或挪作他用。公共体育设施应当根据其功能、特点向公众开放，并在一定时间和范围内，对学生、老年人和残疾人优惠或者免费开放。对露天体育场，要创造条件免费开放；已经免费开放的，不得改为收费经营。有条件的学校体育场馆应当向社会开放，鼓励机关、企事业单位的体育设施创造条件向社会开放，实现体育资源社会共享。完善政策，健全机制，探索运营管理的新模式。多渠道投资兴建体育设施，加强中小型体育场馆和体育服务设施建设，特别要大力加强农村基础体育设施建设。大幅度增加群众性体育场所的数量。政府要对用于群众健身的体育设施日常运行和维护给予经费补助，并根据其向群众开放的程度，在用水、用气、用电、用热等方面给予政策优惠。

5. 支持和规范职业体育发展

职业体育是体育发展的重要组织形式之一。积极探索中国特色职业体育发展道路，对于拓宽体育发展渠道、扩大体育社会参与、发展大众体育具有积极意义。要从国情和项目特点出发，借鉴国际经验，鼓励引导、规范发展足球等职业体育赛事。完善职业体育的政策、制度和管理体系，严格职业体育俱乐部准入和运行监管，扶持职业体育俱乐部建设，健全职业联赛赛制，促进规范健康发展，不断提高职业体育水平。

6. 加强体育无形资产开发保护

加强对体育组织、体育赛事和活动名称、标志等无形资产的开发，依法保护知识产权。完善中国奥委会、中华全国体育总会、全国性单项体育协会等群众性体育组织的市场开发模式，理顺和明确各相关主体在市场开发活动中的身份及其相互关系。强化知识产权对各类体育企业的导向作用，提升体育产业的知识产权创造、运用、保护和管理水平。在引进国外先进技术和管理经验的同时，加大自主研发和科研成果转化，开发科技含量高、拥有自主知识产权的产品。加强体育产品品牌建设，推动体育企业实施商标战略，增加体育产品商标内涵，提高产品附加值，提升体育产品的市场竞争力。

7. 加快体育市场法制化、规范化建设

建立、健全相关法规，完善监督管理机制，明确监管主体及其管理职能和各类市场主体的权利义务，规范体育市场主体行为，维护市场秩序，促进体育市场规范发展。

加强体育经营活动的安全监管，对于高危险性体育项目的经营活动，依法确定严格、规范、公开、透明的准入和开放条件、技术要求和服务规程，加强技术指导和安全保护，加强日常监督检查及产品质量检测，确保设施设备和管理服务符合要求，确保消费者人身安全。推行体育服务质量认证制度，建立和完善体育服务规范，提高体育服务水平。开展体育行业特有职业技能鉴定工作，提高体育服务从业人员的服务意识和专业水平。经营单位和活动组织者应当根据情况，提供相关的安全保险。

8. 加快体育产业管理人才培养

鼓励多方投入，开展各类体育教育培训，多渠道培养既懂经济又懂体育的复合型体育产业管理人才。有关高等院校要积极推进教育教学改革，优化专业和课程设置，培养适应体育产业发展需要的专门人才。

9. 鼓励支持群众性体育组织发展

改革和创新体育社会团体管理模式，在加强业务指导和依法监管的同时，完善体育社团法人治理机制，充实体育社会团体业务职能，发挥体育社会团体服务功能。提高体育社团自我发展、自我管理、自我服务和自律规范的能力。鼓励支持社会力量兴办体育类民办非企业单位，促进体育事业健康发展。

参考文献

[1] 肖林鹏.社会体育管理[M].2版.北京：北京体育大学出版社，2015：12.

[2] 李浩.现代化进程中社会体育的发展及组织管理研究[M].北京：九州出版社，2015：3.

[3] 王凯珍.社会体育活动组织与管理[M].北京：中国劳动社会保障出版社，2005：6.

[4] 常智.体育管理理论与实践[M].北京：北京师范大学出版社，2010：1.

[5] 郭亚飞.社会体育学[M].北京：北京师范大学出版社，2012：1.

[6] 徐晓燕.社会体育学[M].杭州：浙江大学出版社，2013：1.

[7] 顾慧亚，王晓军.全民健身路径与公共体育服务体系建设研究[M].北京：九州出版社，2018：4.

[8] 肖林鹏.现代体育管理[M].3版.北京：北京体育大学出版社，2015：12.

[9] 秦椿林.当代中国群众体育管理[M].北京：人民体育出版社，2006：11.

[10] 高晓光.体育管理[M].北京：经济科学出版社，2015：2.

[11] 杨洪辉.体育社会学视野下大众体育的组织与管理[M].西安：西安地图出版社，2009：12.

[12] 肖林鹏.社会体育管理[M].北京：北京体育大学出版社，2005：8.

[13] 罗普磷.社会体育管理学教程[M].北京：北京体育大学出版社，2009：1.